国語授業力を鍛える!

手ごたえのある指導ができる教師の技術

福嶋 隆史 著

明治図書

はじめに

私は美辞麗句が嫌いだ。

教育界にはびこる美辞麗句には、いろいろある。

自主性尊重。豊かな関わり合い。学び合い。アクティブ・ラーニング。課題解決力。教科横断的学習。

どれも、うさんくさい。

ひとことで言えば、これらはいずれも「実体」がない。

そして、こと国語教育に関しての美辞麗句と言えば、「国語の答えは一つではない」という言葉がある。「国語」と「算数・数学」の違いを子どもたちに問うと、彼らは既成事実であるかのようにこの言葉を持ち出す。

根づいているのだ。冗談じゃない、と思う。

国語の答えは、一つである。

一つの正解を導き出すことのできない子どもが、多様な正解を導き出すことなどできない。一つの正解を引き出す問いを発することのできない教師が、多様な正解を生み出すことのできる子どもを育てることなどできない。

この本は、実体のある「技術」を追究した本だ。

読み終えたとき、「国語の正解は一つである」ということの意味が、確かな手ごたえとともにあなたの眼前に現れるであろう。

そのときから、あなたの授業が変わる。そして、子どもが変わる。

その日を目指して、じっくりと読み進めていただきたい。

ふくしま国語塾主宰　福嶋隆史

この本の内容は、二年分の雑誌連載記事に加筆修正を施したものである。
連載の時系列とこの本の各項の順序は、一致している。
『国語教育』(明治図書)二〇一三年四月号〜二〇一四年三月号
連載タイトル「驚く効果！　子どもに読解の型をこう教える」
『国語教育』(明治図書)二〇一四年四月号〜二〇一五年三月号
連載タイトル「テスト問題作成のバックヤード」
なお、教科書教材についての言及は全て光村図書出版による教科書を参照したものである(本文中では出版社名を表記していない)。

もくじ

5章 「書く力」を教え、評価する方法

6章 能力を測れるテスト、測れないテスト

7章 「総合力」への警鐘を鳴らす

1章

「理解」の本質

1 「分かる」とはどういうことか（1）

「読解」とは何か

3章まで、読解の型をどう教えるか、というテーマについて考えていく。

まずは当然、「読解」とは何かというところから述べることになる。

読解とは、読んで理解することである。「読む」はまあよい。「理解」が問題だ。

理解とは、「分かる」ことである。

では、分かるとはどういうことなのか。

「分かる」は「分ける」である

一度、子どもたちに問いかけてみてほしい。分かるとはどういうことか、と。

「分かるとは、～～である」といった端的な定義の一文をノートに書かせる。

私は、小学四年生から高校三年生までの子どもたちに、これを書かせた。

身近な「分かった体験」をもとに考えるよう、促す。難しいかと思いきや、意外にも、なかなかよく考えられた答えが多かった。

途中で、次のようなヒントを与えた。

「今から動物の絵を描きます。何の動物かが〝分かった〟ら、発表しなさい」

図1の①・②の段階では誰も発表しない。③で数人、④で全員が「ウサギ」と答えた。

図1

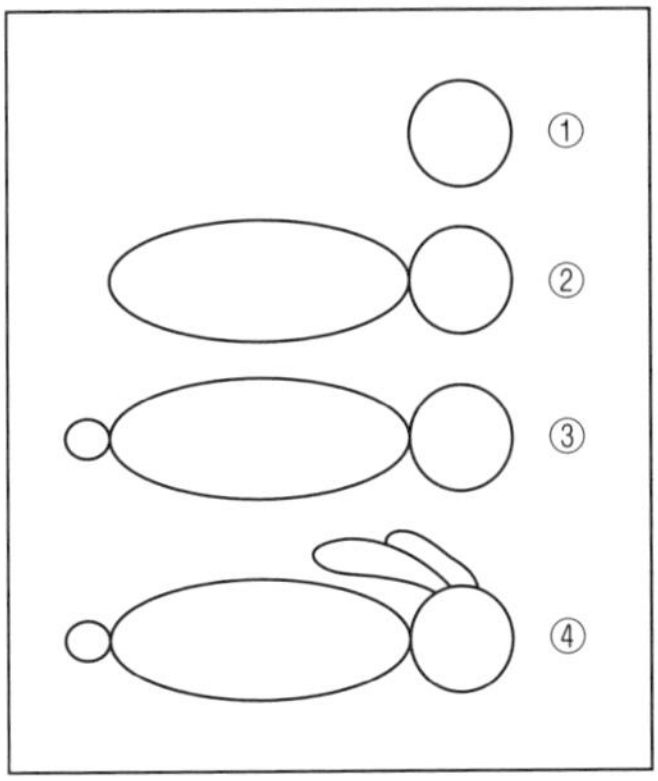

図2

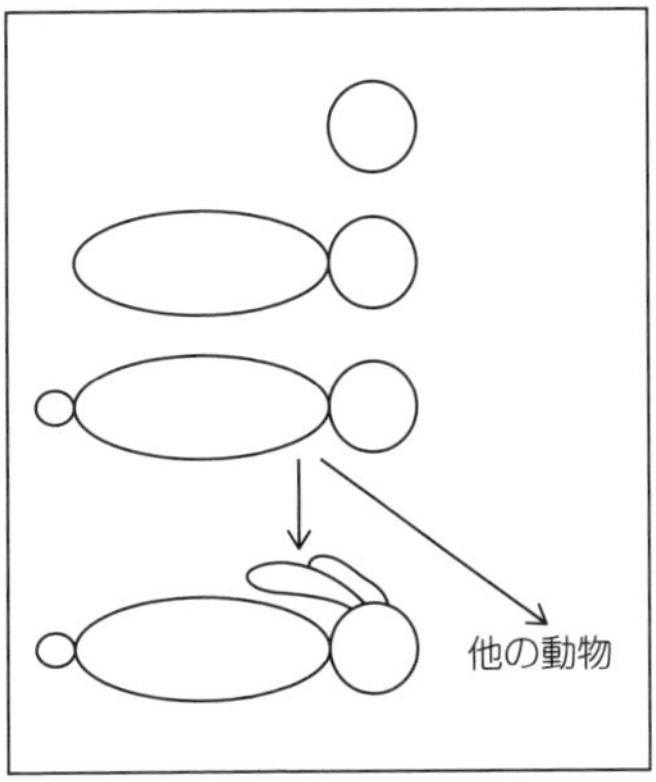

では、なぜ「分かった」のですか、考えて書きなさい、と指示。

さらに何度か定義の文を書かせては評定を繰り返し、その後、さらなるヒントとなる図を与えた（図2）。

ここで、「区別」という言葉を書く子が出てきた。それをもって正解とし、次のような説明をした。

「わかる」という言葉を、なぜ「分かる」と書くのかを考えれば、その意味は自然に浮かんでくる。「分ける」ことこそが「分かる」ことである。「分」という字は、刀で二つに切り分ける様子を表している。

何かを切り分けることができた（＝区別できた）とき、それを「分かった」と表現する。

「わかる」は、「解る」とも書く。「理解」の「解」

だ。この「解」の字にも、刀がある。この字は、牛の角を刀で切り分ける様子を表している。

「わかる」は、「判る」とも書く。これにも実は、刀がある。右側は「りっとう（立刀）」という部首だ。つまり、刀で半分に分けるという字である。

先ほどウサギだと「分かった」のは、ウサギと他の動物との区別がついた瞬間、つまり、「分かたれた」「分けられた」瞬間だったのだ。

なお、この授業では、分解、区別、理解、判明といった熟語もあわせて指導し、知識を深めさせた。

文章は「分ける」ことを要求する

説明的文章は、多くが「違い」を説いている。自動と手動、人工と自然、部分と全体、受動と能動、主観と客観、心と体、自由と束縛、普通と特別、等々。読み手を意識した文章というのは、もれなく、こういった対比的観点・二項対立の観点が骨組みとなっている。一見類似したものごとの中に「違い」を見出そうじゃないか、「区別」しようじゃないか、と訴えてくる。分からなかったことを分かろうじゃないか、分けていなかったことを分けようじゃないか、と訴えてくる。

文学的文章も同じである。主人公の心情変化は、多くが対比的に描かれる。弱から強へ、小から大へ、暗から明へ。人物関係も同様だ。上下関係から対等関係へ、つながりがない状態からつながりのある状態へ、等々。このような、心情や関係の対比的変化をはっきりとさせること、変化の前と後とをはっきり区別し、分けること、それこそが、分かることである。

しかし、他との区別ができたとしても、それがいったい「何」なのかを言葉で明示できなければ、それは不十分な理解であると言える。先の例で、もしウサギという言葉を知らない子がいたら、自分がその対象を他と区別できていることを他者に示すことはできない（と同時に、自己にも示せない）。つまり、分かっていないことになる。したがって、「分かる」ためには実はもう一つ、自己の中にあるイメージ（およびその名称）と対象物とを同定するというプロセスが不可欠になる。これについて、次に述べる。

POINT

理解・整理・分解・分析・認識・識別・判別・判断・意識・知識・常識……どれも、「分ける」ことがその根本にある。

2 「分かる」とはどういうことか（2）

「猫ではない」と「虎である」

前項で、「分かる」とは「分ける」ことであると述べた。対比的観点によって、他との違いを明確にすること。これこそが「分かる」ことである。

今回は、その「分かる」ことのもう一つの側面について書く。

それは、「同定する」ということ、あるいは「言いかえる」ということだ。これが、「分かる」をさらに深めるためのカギとなる。

子どもに説明するなら、こんなふうに話す。

ケンタという友達と待ち合わせをしている。向こうから、それらしき人が来た。でもまだ、はっきりとは分からない。だんだん近づいて来た。ああ、あの帽子とあの上着、そしてあの背の高さと歩き方。あれはケンタだ。ここで初めて、ケンタだと分かる。すなわち、他との区別がつく（ここまでは、前項の話だ）。

ところが、もしそれがケンタではなかった場合はどうか。ケンタはあんな歩き方はしない。あんな帽子もかぶらない。ということは、ケンタではない。ここで言えるのは、「ケンタではない」ということだけだ。ではいったい何者なのかということまでは、分からない。

たった今書いた「分かる」は、単に分けることを意味するのではない。分けた上で、「それが何者であるか」を説明できることを意味する。

別の例を挙げよう。目の前に、大型の猫のような動物がいる。体は、黄色っぽい毛と黒い毛の縞模様。ニャーオ、とは鳴いていない。ガオーッと吠えている。

この動物を見て、猫を知っているが虎を知らない子は、「これは猫ではない」というところまでは分かる。猫（と呼ばれるもの）はこんなに大きくないし、ガオーッとは言わない。だから、猫ではない。しかし、「これが虎である」ことは、分からない。すなわち、「これが虎である」と説明することはできない。「虎」という言葉で「言いかえる」ことはできない。

一方、猫も虎も知っている子は、「これは猫ではなく、虎である」と説明できる。自分の中にある「虎」の具体的イメージと、目の前の動物が有している具体的特徴とを同定し（同じであると判定し）、「これは虎である」と説明するわけだ。

具体化と抽象化

文章を読む際も、同じことが起こる。たとえば、日本人と西洋人の特性について書かれた文章があるとする。「日本人は集団性を重んじ、他の人々との違いを受け入れることに消極的である。それに対して、西洋人は個別性を重んじ、他の人々との違いを受け入れることに積極的である」――こんな評論文を読んでいるとする。

前半は分かる。自分も日本人だから。「みんな仲良く」と言われて育ったし。他の多くの子と同じ趣味を持っているとそれだけで安心するし、逆に、自分だけ変わった趣味だったりすると、不安になる。そういう意味だろう。

でも、後半は今一つ、分からない。個別性を重んじるというのは、どういうことなんだろう。違いを受け入れるって、どういう意味なんだろう。

先の例で言えば、前半は猫に当たり、後半は虎に当たる。

後半は、具体的なイメージが今一つ浮かばない。ぼんやりしている。西洋人と日本人が違うことまでは分かるけど、西洋人がどんな存在であるかまでは、うまく説明できない。自分の中に西洋人のイメージがないから、そこに文章を重ね合わせて同定することができない。多少のイメージがあったとしても、日本人との対比で考えたことがないから、それを自分の言葉で説明することまではできない。

そこで、具体例が必要になる。多くの場合、評論文には具体例が出てくる。その具体例を読んでようやく、「ああ、そういうことね」と分かる。「西洋人は、ちょっと趣味が違う、ちょっと服装が違う、ちょっとしゃべり方が違うといった程度では、その人を排除しない。それどころか、面白いやつだな、と言って受け入れる」と書かれていたならば、ああ、たしかに日本人である自分とは逆だ、と思えてくる。自分の経験と照らして、具体的な特徴をもったイメージを浮かべることができるようになる。

今述べたことは、「具体化」である。同定する・言いかえるというプロセスのうちの大切な要素である。もう一つの要素に、「抽象化」がある。先ほどの趣味・服装・しゃべり方の違いなどの具体例をとりまとめ、「要するに個別性」と抽象化したとき、「ああ、そういうことね」と理解が及ぶこともある。

実は、この「具体化・抽象化」こそが、この項で述べてきた「分かる」ということの「もう一つの側面」の実体である。私はこの技能を、「言いかえる力」と呼んでいる。

さて、ここから具体的な読解指導法に入るわけだが、まずはこの「言いかえる力」から述べることにする。

POINT

「Aではない」と同時に、「Bである」を説明できること。これが、「分かっている」ということである。

2章

「三つの力」で読解力を高める

1 「言いかえる力」を高める（1）

「言いかえる力」とは何か

この項では、「言いかえる力」について説明する。

私が「言いかえる力」（**同等関係整理力**）と呼んでいる思考技術の内実は、次のように大別できる。

> ① 抽象化・具体化による言いかえ
> ② 抽象化も具体化もしない単純な言いかえ

重要度が高いのは①である。

ただし、②も必要になる。

まず、②から例示する。

次のそれぞれの内容を、それぞれ指定された字数で言いかえてほしい（意味を変えないこと）。

ア　まだ知らないこと（二字）
イ　はっきりしない点（三字）
ウ　大切だと考えること（二字）

いかがだろうか。答えは、アが「未知」、イが「不明点」、ウが「重視」である。簡単そうで難しい。

もちろん、逆の操作もできなければならない。「未知」を「まだ知らないこと」に、「不明点」を「はっきりしない点」に、「重視」を「大切だと考えること」に、それぞれ言いかえられなければならない。

こういった単純な言いかえのレベルでつまずいている子は多い。

未知と無知の違い、不明点と疑問点の違い、等々が分からないような子もいる。

言葉を分かるということは（前項までに述べたように）、ある言葉と類似した言葉とを分けて、区別できていることを意味する。ただし、これらは次項で述べる「くらべる力」の領域なので、ひとまずおく。

抽象化・具体化とは何か

さっそく具体例から。


「みかん、バナナ、りんご。

つまり、（　　）」


普通は「果物」となる。これが抽象化の基本形だ。

これを逆にすると、具体化の基本形となる。「果物。たとえば、みかん、バナナ、りんご」である。

次はどうか。


「トマト、いちご。

つまり、（　　）」

基準にもよるが、いちごは本来、野菜に分類される。だから、「野菜」でよかろう。やや枠組みが広すぎるが、「食べ物」も許容範囲だ。「実」でもよいだろう。

一方で、次のように答える子もおそらく多いはずだ。

「赤い実」、「赤い食べ物」。

さて、いったい、どれが正解なのか。

どれも、正解である。

抽象化とは、ある性質・特徴を引き出して残し、他の性質・特徴を捨てることである。

「野菜である」という性質を残すか、「赤い」という性質を残すか。場面や目的（文脈）次第で、何とおりもの抽象化が成り立つということだ。たとえば、料理に彩りを添えるためにトマトやいちごを買ってくる、という場面なら、「赤い実」になるわけだ。

右の定義のうち、引き出すことを「抽象」、捨てることを「捨象」と言う。これらは、同じ操作の両面である。

なお、複数の〈具体〉※を言いかえる場合（みかん・バナナ・りんご→果物）であっても、一つの〈具体〉を言いかえる場合（みかん→果物）であっても、この定義は変わらない。ただし、複数の場合は、「共通する性質・特徴を引き出す」という意味が生じる。

そして、具体化はこの逆となる。すなわち、個別的な特徴を与えていく作業になる。

いわば、抽象化とは、絵に描きづらいような表現に言いかえていくということであり、具体化とは、絵に描きやすいような表現に言いかえていくということである。

※〈具体〉……具体的なもの

一文を要約する

年齢が上がるほど、思考における抽象化の必要度は増してくる。「要するにどういうこと?」という問いに端的に答えられることが不可欠になってくる。

そこで、一文要約の仕方を例示しておくことにする。

次の各文を要約してほしい（アは一〇字以内、イは一五字以内）。

ア　人参にはビタミンやカロテンなどの栄養が豊富に入っている。

イ　はっきりしない点は、先生に遠慮なくたずねるようにしたほうがいい。

アは、ビタミン・カロテンという具体例を捨て、述部（豊富だ）・主題（人参は）・主語（栄養が）を残す。

「人参は栄養が豊富だ。（一〇字）」となる。

イは、冒頭で述べた②の言いかえも加わる。

「不明点はたずねたほうがいい。（一四字）」となる。

このように一文の骨組みをつかむ言語操作を、「抽象化」という言葉で意識化しつつ行う。

一文をつかむことができて初めて、段落や全文をつかむことができる。

言いかえの基礎トレーニングとして実践したい課題である。

次項では、「比喩の言いかえ」など、言いかえのトレーニングをさらに例示したい。

POINT

絵に描きづらいような表現に言いかえるのが抽象化、絵に描きやすいような表現に言いかえるのが具体化である。

2 「言いかえる力」を高める（2）

比喩は危険な存在だ

比喩は便利だ。

読み手は一閃全貌をとらえることができ、書き手は瞬時にメッセージを伝えることができる。

「足が疲れた」と言うより、「足が棒になった」と言ったほうが伝わる。「あの子がいるとクラスが明るい雰囲気になるよね」と言うより、「あの子はクラスの太陽だね」と言ったほうが伝わる。

しかし、比喩は、便利であると同時に危険な存在でもある。

名は伏せるが、ある首長がツイッターにこう書いたことがある。

「催眠から覚めました」

体罰のような指導法を自身が受けてきた。そのおかげで自分は成長できた。そう思い、体罰容認の主張をしてきた。しかし、今となっては、体罰はやはりよくないものだと考えるに至っている――その心境を述べた言葉だ。

分からなくもない。

しかし、「催眠から覚めた」という比喩には複数の意味が読める。単に「思い込みを捨てることができた」という意味だけでなく、「今までの思い込みは、自分のせいではなく他人のせいだ（他人に思い込まされていたのだ）」という〝責任逃れ〟の意味さえも、読み取ることができてしまう。

だから私には、それが首長にふさわしい言葉であるとは思えなかった。

比喩というものは、このように、言外の意味を読み手に届けてしまうことがある。

それを避けるためには、比喩の含意を他の言葉によって「言いかえる」という作業を為し得なくてはならない。

比喩を元の意味に戻す

学校では、比喩を作らせる授業はよく見る。しかし、比喩を元の意味に戻させる授業は、めったにお目にかからない。

一方で、中学受験・高校受験・大学受験の国語で頻出するのは、比喩を元の意味に戻させる設問である。比喩を作らせる設問は、めったにお目にかからない。

比喩を作るというのは具体化である。一方、比喩を元に戻すというのは抽象化である。

右から左（具体化）も左から右（抽象化）も、どちらの作業もできなければならないが、難しいのは抽象化である。これが受験読解ならば、こう問われる。

「『枝葉の話』とありますが、これはどのような意味ですか」

〈抽象〉重要でない細かな話

具体化←→抽象化

〈具体〉枝葉の話

これに対し、「重要でない細かな話」と答えられなければならない。抽象化しなさい、という指示はないが、抽象化するのが暗黙のルールになっている。

この抽象化こそが、比喩を元の意味に戻すということであり、比喩の含意を他の言葉で言いかえるということである。

比喩は絵に描きやすい表現、すなわち具体的表現である。それを、絵に描きづらい表現、すなわち抽象的表現に言いかえる。

この作業を自由自在に行える子は、抽象語を使いこなせる子である。そして、抽象語を使いこなせる子こそが、読解力のある子である。国語力向上の過程とは、抽象語獲得の過程である。

さて、もう少し例示しておこう。
次の具体的比喩を、どのように抽象化すればよいだろうか。

①「彼女は歌手の卵だ」
②「昨今のアイドルは、シャボン玉のようだ」

それぞれ、次のようになる。

①「彼女は、歌手として世に出るための準備をしている身だ」「彼女は、一人前になるための修行をしている身だ」など
②「昨今のアイドルは、華やかに登場するが、ほどなく消えてしまう」など

どうだろう。
教師にとってでさえ、難しいはずだ。
なお、どこまでの言葉を比喩と呼ぶのかについては、ラインの見極めが難しいことがあ

る。

　たとえば、冒頭で示した「明るい雰囲気」という表現、これも実は、厳密に言えば比喩である。実際に照度が上がるわけではないのだから。また、「長い時間」などという言い方も、実は比喩である。「長い」というのはもともと、空間的な隔たりを意味するのだから。しかし、「長い時間」を比喩だと思う人はほとんどいない。

　比喩というのは、いかにも絵に描けそうな（マンガの一コマにできそうな）具体的なイメージが目に浮かぶよう、半ば意図的に作られた表現のことである――そう考えておけばよいだろう。「明るい雰囲気」や「長い時間」などという言葉は、そこまでの意図は（もはや）感じられない。だから、そういった表現を抽象化において用いたとしても、それは許容範囲であろう。

　さて、次は、「くらべる力」の実践例を示す。

POINT
比喩表現を作らせるだけでなく、比喩を元の意味に戻す、すなわち抽象化する練習を、授業に取り入れる必要がある。

3 「くらべる力」を高める（1）

「くらべる力」とは何か

「くらべる力」。それはすなわち、**対比関係整理力**のことである。この力がなぜ必要なのか、その本質的な理由については1章で述べた。

ここでは、その「くらべる力」を発揮して物語文（文学的文章）を読み解く方法について述べる。

物語文読解の核となる「型」

文章を読むときに不可欠なのは、俯瞰的に文章の全体像をとらえるということである。

物語文読解においては、人物の大きな変化をつかむことが、これに当たる。

物語文は、主人公の変化を描くものである。そして多くの場合、主人公は「成長」する。つまり、マイナスからプラスへと変化する。

特に大切な変化は、心情変化である。

これを私は、「対比的心情変化」と呼んでいる。

心情に限らず、人物関係の変化が描かれている場合もある。その場合は、それも含めて広くとらえていく。

この対比的変化を図で表すと、次のようになる。

A…マイナスの心情・人物関係

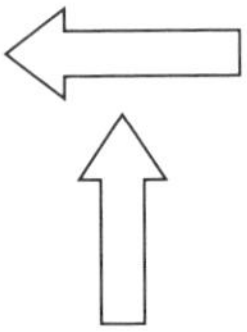

C…変化の要因

B…プラスの心情・人物関係

AとBは、対比関係にある。物語を読み解こうとするならば、まず何よりも、このAとBを明確にしていくことが大切である。

その上で、Cを考えていく。AからBへの対比的変化をもたらしたきっかけとなることがらが、Cに当たる。

これらをまとめて一文にすると、次のようになる。

Aだった主人公が、Cによって、Bに変わる話。

このように物語文全体を対比的にとらえることが、物語文を読解するということの本質である。

学年・学級の実態に応じて、最初のうちはCを省略してもよい。とにかくまずは、AとBである。

Cは、正確に考えれば考えるほど難易度が増す。これには「たどる力」（因果関係整理力）が必要になるが、それについては後述することとし、ここでは深入りしない。

さて、実際の教材ごとの解釈を、いくつか紹介したい。

①『ゆうだち』（一年※）

「けんかをしていた（A）ウサギとタヌキが、夕立を体験したことで（C）、仲直りできた（B）話」

このCをより正確にして書くと、こうなる。

「けんかをしていた（A）ウサギとタヌキが、夕立というピンチを共に乗り越える体験を通して（C）、仲直りできた（B）話」

ただし、ここまで書けたとしても、テーマ（主題）の追究にまでは至っていない。

そこで、テーマまで考えた場合の例を次に示しておこう。

※『ゆうだち』は、平成二七年四月から使用されている光村図書の教科書では不掲載となっている。

②『海の命』（六年）

「クエに対する太一の心情が、大魚クエの威厳ある態度に接することで（C）、憎しみ（A）から愛しみ（B）へと変化したことを通して、／人間とは自然を支配する存在なのではなく、自然と共生すべき存在なのだというメッセージを伝える物語」

右の／以下がテーマである（他の解釈もありうる）。

このテーマ自体が「ではなく」を挟んで対比関係になっており、A・Bの内容と密接に関連しているという点に、注目してほしい。

結局、テーマの追究の前提としても、対比的変化の読み取りが欠かせないのである。

③『大造じいさんとガン』（五年）

「残雪の堂々とした態度に接したことで（C）、残雪を軽んじていた大造じいさんの心情（A）が、残雪を重んじる心情（B）へと変化したことを通して、／人間は、卑怯な手段に頼るのではなく、正々堂々と生きていくことが大切なのだというメッセージを伝える物語」

注目すべきは、①では「けんか・仲直り」、②では「憎・愛」、③では「軽・重」というように、それぞれがきわめて分かりやすい対比的表現になっているということだ。言ってしまえば、反対語である。

反対語を用いるということは、「対比の観点」を明確にするということである。

これは、説明的文章においても当然ながら必要不可欠となる言語技術だ。

自然・人工、時間・空間、自己・他者、独創・模倣、感情・理性……等々の「観点」を、自ら見つけるための技術である。

そこで、次項では、対比の観点をとらえる力を高めるための方法を、具体的に述べることにする。

POINT

物語文の読解では、対比的心情変化を見つけさせる。
そして、その変化の要因を考えさせる。

4 「くらべる力」を高める（2）

「読解」の本質とは？

読解の「解」という字は、「とく」「ほぐす」「ほどく」「わかる」などと読む。

要するに、バラバラにすること、分けることを意味する。

どう分けるのか。

二つに分けるのだ。

このあたりについて詳しくは先に述べたが、くらべる力についてより深くとらえるためには、まず1章をおさらいすることをおすすめする。

さて、「二つ」とは、どのような二つなのか。

対比的な二つだ。

文章に書かれた、一見多種多様に思える〝断片〟を、対比的な二項目に分類整理すること。

これこそが、読み解くということである。

『アップとルーズで伝える』（四年）ならば、こうなる。

アップ　↕　ルーズ
部分○　↕　全体○
（全体×　↕　部分×）

『モチモチの木』（三年）ならば、こうなる。

前の豆太　↕　後の豆太
臆病　↕　勇敢

長い文章の中の要素という要素をここまでシンプルに分類し整理してしまうこと。これが、とりもなおさず「読み解く」ということだ。

今の例で、とりわけ重要度が高く、かつ見つけづらいのは、「部分・全体」という対比と、「臆病・勇敢」という対比である。

これらに共通する性質とは何か。

それは、「述語である」ということだ。

述語こそを「くらべる」

上記のパーツを組み合わせたときの述語に、注目してほしい。

「アップで分かるのは部分である（全体ではない）。一方、ルーズで分かるのは全体である（部分ではない）」

「前の豆太は臆病。しかし、後の豆太は勇敢」

一目瞭然。

日本語においては、述語こそが文意を支える。

右のような対比の文章において述語になり得る言葉というのは、多くの場合、「抽象的な反対語」である。

だからこそ、反対語の知識を増やすことが欠かせない。

『ふくしま式「本当の語彙力」が身につく問題集〔小学生版〕』（福嶋隆史著・大和出版）は、そんな抽象的な反対語、厳選100セットを活用するための問題集である。

広告のようで恐縮だが、日本の子どもたち（そして教師たち）にとって必携書であることを確信しているので、ここに明記しておきたい。

〈対比の観点〉を見つける

さて、次の各文の空欄を、抽象的な反対語で埋めてみてもらいたい。

① タイムマシンは（　）移動の道具だが、どこでもドアは（　）移動の道具だ。
② ケンカは（　）で終わるが、戦争は終わるまで（　）かかる。
③ 飛行機は（　）の人が利用するが、ヘリコプターはどちらかと言えば（　）な人が利用する。
④ 自分の部屋は（　）的な場所だが、教室は（　）的な場所だ。
⑤ 病は気からというのは、不調の原因は（　）ではなく（　）にある、という意味の言葉だ。

答えは、それぞれ順にこうなる。

① 時間・空間　② 短期間・長期間　③ 一般・特殊
④ 私・公　⑤ 体・心（肉体・精神）（身体・精神）

⑤は、①〜④とは少し構造が異なるが、このような形でも、「ではなく」を頼りに対比関係の存在に気づけるようにしたい。

このような抽象的な反対語に気づくということは、文章を支える〈対比の観点〉を見つけるということであり、それがすなわち、文章を読み解くということなのである。

「朝作文」を日課にしよう

今挙げた五つの例のような対比型短作文を、教室で一日一つ作らせたら、どうだろうか。

私は、いわゆる「朝読書」よりもこの勉強を、先生方におすすめしたい。

いわば「朝作文」である。

教師は、反対語を三セット指定する。子どもは、そのうち一つを選び、短文をノートに書く。朝作文専用のノートを用意するとよい。反対語は、「多い・少ない」「高い・低い」などといった、より平易なものでもかまわない。何年生でも簡単にできる。主語（主題）になる言葉（先の④で言えば、自分の部屋・教室）を教師が指定する形でもよい。

ぜひお試しあれ。国語力アップ、間違いなしだ。

POINT 文章を支える〈対比の観点〉を見つけることこそが、読解である。

5 「たどる力」を高める（1）

本当に「なるほど」？

「ぼくは、カレーライスが好きです。どうしてかというと、おいしいからです」

パチパチ。皆が拍手。なるほど、ほんとおいしいよね、と先生。

こんな授業が、低・中学年の教室ではよく繰り広げられている。いや、高学年の教室にも、ないわけではない。こういうのを見ると、私には苦笑しか浮かばない。

「どうしてかというと」「なぜなら」などをくっつけて理由らしきものを言えば、それだけで論理的思考の練習ができている――そう思っている教師がいる。大間違いだ。

「おいしいから」で、本当に納得できるのか。本当に「なるほど」と言えるのか。

こういう〝論理〟を許容するなら、次のような主張も許容しなければならなくなる。

「原発は稼働させるべきです。なぜなら、大切だからです」

「原発は撤廃すべきです。なぜなら、不要だからです」

これで納得するなら苦労はない。

単に「なぜなら」をつければよいというものではないのだ。

〝論理の飛躍〟のパターン二つ

他者の意見に触れて、「なぜ？」と思うことがある。そこにいわゆる〝論理の飛躍〟があるように感じたから、そう思うわけだ。

では、この論理の飛躍とは何を指すのか。

具体的に見てみよう。

ア　太陽がまぶしかった。
　　だから←　→なぜなら
イ（　　　　　　　　）。
　　だから←　→なぜなら
ウ　外出を控えることにした。

「今日は外出を控えていた。なぜなら、太陽がまぶしかったからだ」と言われたら、大半の人は、「なぜ?」と思うだろう。疑問に思わないまでも、自然と「イ」を推測してしまうはずだ。「ああ、日焼けが心配になったわけね」などと。

この「イ」が抜けている状態を、論理の飛躍と呼ぶ。

私はこれを、「急行列車のたどり方」と名づけている。

逆に、「イ」を丁寧に説明する場合は、「各駅停車のたどり方」であると言える。

次のようなパターンもある。

ア　今日は雨だ。――イ（　　）。

×←　　←　　←×

ウ　今日の試合は中止になるはずだ。

「今日は雨だ。だから、今日の試合は中止になるはずだ」（ア↓ウ）

こう言われただけでは、何か釈然としない。「イ」が抜けているからだ。

「イ」には、次のような情報が必要だ。

「雨の日は試合が中止になるという決まりだ」（イ）

もし雨でも試合を決行するサッカーのようなスポーツなら、先の「ア↓ウ」は論理が飛躍していることになる。

一方、次も飛躍となり得る。

「雨の日は試合が中止になるという決まりだ。だから、今日の試合は中止になるはずだ」

（イ↓ウ）

今日は本当に雨なのか、という疑念が残るわけだ。

このように、「ア↓ウ」も「イ↓ウ」も飛躍があり、「（ア＋イ）↓ウ」となったときに初めて客観性が増すような図式も、「たどり方」の一つである。

今示した二つのパターンを自在に使いこなすための力。

それが、**因果関係整理力**であり、私はそれを「たどる力」と呼んでいるわけである。

「急行」が必要な場合もある

今、「自在に使いこなす」と書いた。ここには含意がある。

それは、「イ」をたどらないことを意図的に選択すべき（あえて急行列車にすべき）場面もあるということだ。

それは、「イ」が、情報の送り手と受け手（話し手と聞き手、書き手と読み手）の間で共有されている場合である。すなわち、「イ」を〝常識〟として共有できている場合だ。日焼けを絶対的に嫌い、太陽が照っていれば外出しないのは常識、という人々の間では、先の例は飛躍として受け取られないであろう。むしろ、「イ」は説明不要で無駄な情報である。

書き手の常識を探るということ

実は、今述べた「常識」こそが、因果関係の正否を決める。

一〇キロぐらいの距離は歩くのが当たり前という時代・地域では、「目的地まで一〇キロだから歩こう」という論理が成立する。しかし、そうでない時代・地域では、「なぜ?」と言われてしまう。

常識を左右する要因は、時代・地域・性別・職種・年齢等々、さまざまに存在する。「AだからB」や「BなぜならA」という主張を受けて納得できるかどうかは、これらの流動的な常識に依存している。そして、それが客観性というものなのである。

つまり、ある結論の正否というものは、数学的帰結でもない限り、主観を抜け出ることのできない宿命にあるのだ。かといって、冒頭に挙げたような「おいしいから好き」などという主観の領域で妥協せず、とことんまで客観性を追究すべきだ。

文章を読み、「なぜ」を考えるというのは、すなわち、書き手の常識に寄り添うことを意味する。このプロセスがあればこそ、読み手は新しい常識に触れ、成長できるのだ。

POINT
子どもの飛躍した論理を安易に認めず、それを整理する力を与えていくことが大切だ。

6 「たどる力」を高める（2）

物語文読解における定番の問い

「このクッキーはおいしい。だから、ケンタは食べるのをやめた」

この文を読むと、誰もが「え？」と思うだろう。物語であれば、この後、こんなふうに続く。

――ケンタは言った。「姉ちゃん、これ食べてみなよ、おいしいから」

そこで読み手は、「ああ、お姉さんにあげるために食べるのをやめたというわけね」と納得する。

物語文において、人物の心情や思考のプロセスが直接的に描かれることは少ない。

「このクッキーはおいしい。だから、姉ちゃんにもあげよう、とケンタは考えた。そこで、ケンタはクッキーを食べるのをやめた」

こう書いてあれば、たしかに分かりやすい。しかし、なんとも説明的で味気ない文章になってしまう。

だから作者は、理由を直接説明するのを避けたがる。その結果、冒頭に示したような、一見おかしな因果関係の文が散見するようになる。

これらを図で示すと、こうなる。

ア　このクッキーはおいしい。
　　だから←→なぜなら
イ　姉にもあげようと思った。
　　だから←→なぜなら
ウ　食べるのをやめた。

まず「ア→ウ」を描いておき、後から「イ」に気づかせるということだ。

こういうのもある。

「ミチコの目から、涙があふれた。たった一人の親友だったマミと、激しく言い争いをしたのだ」

入試読解などではこう問われる。

「涙があふれたのは、なぜですか」

ここで大半の人は、「たった一人の親友だったマミと激しく言い争いをしたから」と答える。

しかし、入試読解では、これでは減点される。たとえば、こう答えなければならない。

「たった一人の親友だったマミと激しく言い争いをしたことで、こらえきれないほどの寂しさがわいてきたから」
これを図にすると、こうなる。

ア　唯一の親友と言い争いをした。
　　だから←→なぜなら
イ　こらえきれぬ寂しさがわいた。
　　だから←→なぜなら
ウ　涙があふれた。

これらのように、物語・小説といった文学的文章の読解においては、「ア→ウ」という〝急行列車〟のたどり方になっている本文を、あえてそこに「イ」を入れさせることによって〝各駅停車〟でたどらせようとする発問・設問が増えることになる。

間接的にしか書かれていない、あるいはまったく書かれていない要素である「イ」——その多くは、心情・思い・考えである——を埋めさせる。これが、文学的文章の読解における定番の問いであるというわけだ。

つまり、入試読解では、「書かれていない心情」を推しはかり、因果関係の飛躍を自分の言葉で補うことが求められるということだ。

ここでも、先ほどのクッキーの例と同じことが言える。もし「イ」を懇切丁寧に説明してしまったら、その物語は物語としての価値を下げることになる。だから、作者はあえてそこを省くのだ。

文学読解を試験に出すべきか

今の「ミチコが泣いた理由」を示す因果関係において、「ア→ウ」がなぜ飛躍であると言えるのか。

それは、「唯一の親友と激しい言い争いをした」としても、泣かない子は一定数いるはずだからである。ただ腹を立て続ける子だっているだろう。しかし文章には、泣いたと書いてある。では、それはなぜなのか。泣いた直接の要因は言い争いそのものではなく、言い争いの結果として生まれた寂しさという心情にあるのではないか。こう考えさせようというのが、入試読解の意図するところである。

ともすると何気なく読みすごしてしまいがちな部分で立ち止まらせ、その因果関係をあえて説明させるという意味で、この問い方は無駄ではない。クッキーの例のように逆説的結論の理由を考えさせる問いも、ミチコの例のように作者があえて省いた心理的要素をあえて浮き上がらせる問いも、価値はある。

とはいえ、先の「寂しさ」を「後悔」や「自分への情けなさ」などとしても許容されるべきであることを考えると、これを選択式で課し、答えを一つに確定させる問いを出すことには躊躇せねばならない。

にもかかわらず、多くの入試読解では、中学・高校・大学入試を問わず、躊躇なくそれが行われている。

多種多様とは言わぬが二つ、三つには分かれるであろう文学の解釈を究める場としては、試験ではなく授業こそがふさわしい。

文学的文章の読解を試験で課すということに、私は強い疑念を抱く。

さて、次の章からは、より俯瞰的視点で読解というものを語っていこう。

POINT

教師自身が発問や出題の意図を理解し、そのように問うべきであると言える理由、あるいは言えない理由を、説明できるようにしておく必要がある。

3章

国語教師が持つべき気構えとは

1　「言語活動」とは、ズバリ何のことか？

「言語活動」の本質とは

ここまで私は、至極具体的に書いてきた。「読み」の教科書教材を挙げるなどしながら、教室での実践にすぐ活用できるよう配慮してきた。

しかし、あらゆる主張は〈具体〉と〈抽象〉の両者が揃わないと成り立たない。ここからはあえて少し抽象的に、これまでより俯瞰的な視点で、国語教育のあるべき姿を述べていきたい。

さて、先生方に問いたい。

> 「言語活動」とは、何のことか。ズバリ一言で答えよ。

私は以前、この問いをツイッター上で投げかけた。私のフォロワー（一万人）には学校教師や塾教師、大学の先生なども多いから、それなりに反応が返ってきた。

「言語を使った学習活動」
「言語の使い方や形式に重点を置いた学習活動」
「言葉で理解に導く学習活動」

いずれも、「学習活動」に束縛されている。その「活動」の内実を言いかえることができていない。

その後、こういうのがきた。

「言語技術を訓練する活動」

少しまともになったが、まだ問いに正対していない。

私は「一言で」と言っているのに、みんな長い。先生方ともあろうものが、困ったものだ。

それを指摘すると、「会話」「コミュニケーション」などというのがきた。いかにもありがちな答えだ。「創造」などというのもきたが、やや詩的すぎる。

結局、正解は出ず。

正解は、ズバリ「思考」である。

言語活動とは、思考そのもののことなのである。

これ以上に優れた答えがあるだろうか。ない。

「身体活動」から脱却せよ

特に、「会話」「コミュニケーション」という答えに注目したい。やはり、人間と人間が現実に向き合い、口を開いて「活き活きと」「動いて」いる様子を想い描かずにはいられないのだ。「活動」という言葉は。

しかし、手・足・口、どこも「活動」させないままであっても、言語活動＝思考は可能だ。ましてや、机上で読み書きするのであれば、それはもう十分に活動だ。ところが多くの教師は、「それは活動ではないのでは……」と心配している。

要するに彼らは、「活き活きと動いている身体」に安心感を得るわけだ。

子ども同士が〝豊かな〟表情で教室内を動き回り、子ども同士で〝豊かな〟関わり合いをする姿。それこそを、「活動」だと思っている。だから、お遊び授業が横行し、何ら言語技術を持たない高校生や大学生が誕生する。

> 言語活動とは、身体活動ではない。精神活動である。

そこさえ踏まえれば、たとえ「報告・記録・討論・創作・編集・紹介」といった「活動」をさせていても、本来の目的を見失わずに済む。

全ての教師はあらためて、精神活動（思考）をさせていたかどうかを、見直すべきだろう。

精神活動などと言うと、また「情緒豊かな……」などといった形容表現を加えてごまかされるかもしれないので、補足する。

ここで言う精神活動とはすなわち、理性の活動である。感性ではない。

学習指導要領の危険な文言

小学校学習指導要領（国語）を見てみる（平成二〇年版）。

「読むこと」において、「例えば、次のような言語活動を通して指導するものとする」と書かれている項目を、一部ピックアップする。

「物語の読み聞かせを聞いたり、物語を演じたりすること（小一・二）」

「物語や詩を読み、感想を述べ合うこと（小三・四）」

「自分の課題を解決するために、意見を述べた文章や解説の文章などを利用すること（小五・六）」

いずれも、危険である。

物語を演じる、とあるが、そのためには連続型テキスト（文章）の段階で「意味」を正確に読み取っていなければならない。しかし多くの教室では、机上で文章を読み解く作業をなおざりにし、演じる準備に入ってしまう。グループ分け、役割決め、小道具づくり、紙芝居なら絵を描く作業。そんな、図工と見分けのつかないような「活動」だらけの国語授業の中で、指導要領に明記された「読むことの能力」たるものが育つはずもない。

「感想を述べ合う」も許しがたい。感想なんて、要は何でもいいのだから。すごかった、でも立派な感想だ。感想をどれだけ述べ合っても、言語活動力＝思考力は育たない。

五・六年の「利用する」もごまかしだ。どう利用するのか。やはりそこには、思考力・思考技術の鍛錬が前提されてしかるべきなのである。

ちなみに、中学三年生の言語活動には、「物語や小説などを読んで批評すること」というのがいきなり登場するが、笑止千万だ。批評のための思考技術を一切教えてこなかったのに、突如批評を要求するのだ。

むちゃくちゃである。

POINT

言語活動とは、身体ではなく精神（とりわけ理性）の活動、すなわち思考のことである。

2 算数のように国語を教えよ！

算数の基本構造とは

小学校教師の方々にとって、算数の授業と国語の授業、どちらが教えやすいだろうか。どちらがより安定した授業になりやすいだろうか。

おそらく、算数であろう。

算数の授業は、その構造がいたってシンプルだ。すなわち、まず例題によって原理（方法・公式）を押さえる。次に、類題によってその原理を活用する――これだけだ。

この二つのステップが算数の教科書の構造であり、算数の授業の構造である。

これと同じようにして、国語を教えることだ。それでこそ、国語の基礎学力が育つ。

さて、ここでは「読み」の指導を中心にして考えていこう。

あなたの授業をチェックする

ここで、あなたの「読み」の授業が算数と同じ構造になっているかどうかを、チェックしてみよう。

チェック① 真似できる技術を与えているか

物語文であれ説明文であれ、あるいは詩であれ、「読み」の授業をする際に陥りがちな落とし穴がある。それは、文章の「内容」にのめりこみすぎてしまうということだ。子どもが、ではない。教師が、である。

虫の生態を描いた説明文を扱えばその「内容」は理科になり、歴史的な話であれば社会科になり、自然との共生を訴える物語あるいは戦争文学などを扱えば道徳になる。

そのとき、その授業はもはや、言語技術という「形式」を扱う授業ではなくなっている。

「いや、私の授業では、ちゃんと言葉にこだわって言葉の操作技術を教えていますよ」

そういう先生もいるかもしれない。しかし、その技術は、本当に技術なのだろうか。

技術とは、真似できるものでなければならない。

真似できない技術を、技術とは言わない。

真似できる、すなわち、学ぶ（真似ぶ）ことができる。それが、算数における「例題」の特徴であり、同時に、技術の条件である。

『モチモチの木』の授業で、臆病だった豆太が勇敢になったことを整理しただけでは、まだ真似できるレベルには至っていない。

それを「変化」という二字熟語によって名づけなければ、真似できる技術であるとは言えない。より正確には、「対比的変化」である。この〝名前〟があればこそ、この技術を他の場面で真似してみることが可能になる。「面積の公式」「内角の和」などという用語と同様だ。

大切なのは、名づけである。言語学者ソシュールが言うように、名づけられて初めて、その対象は「存在」するようになるのである。

技術とは、武器である。子どもたちが、その武器をいつでも選択的に使用できるようにするには、武器に名前をつけなければならない。名前がなければ、その武器を選び取ることすらできない。

対比的変化を読む技能とは「くらべる力」である。「言いかえる力」「たどる力」とあわせ、三つで全ての技術を包括する。その内実は、先にも述べたとおりだ。

チェック② 技術の活用の場を与えているか

子どもたちが自覚的・選択的に真似できる技術を教師が与えたとしても、その武器を取り出して「別の敵」に立ち向かう場を与えてあげなければ、その授業はまだ、算数と同じ構造であるとは言えない。別の敵とは、算数の場合は類題であり練習問題でありドリルである。ドリルは国語にもあるが、それは漢字であり、読解ドリルではない。むろん、教科書には練習問題も載っていない。どうすればいいか。

答えは簡単だ。たとえば、『ありの行列』（三年）で学んだ技術を、『すがたをかえる大豆』（三年）で練習するようにするのだ。「抽象→具体→抽象」という言いかえの型（＝技術）で、両教材を貫きとおすわけだ。

実は、「はじめ→なか→おわり」では不十分だ。活用の幅が狭くなる。そこで必要なのは、「猿も木から落ちる」（具体）と「名人でも失敗する」（抽象）を相互に言いかえる際の抽象化・具体化と同源の技術である。この技術は、物語の読解にも、当然ながら詩にも、同様に活用できる。むろん、作文にも活用できる。

活用の幅を広げるには、技術を細分化しすぎてはいけない。武器の種類が多すぎると、子どもは使いこなせない。実は、学習指導要領も教科書も、その点でまだまだ甘い（そもそも武器の輪郭が見えない）。

全ての読み書きに必須の技術を過不足なく類別整理し、それを名づけて与え、その活用の場を用意する。それが国語教育の使命だ。

私が整理した技術の詳細・具体像については、『論理的思考力を鍛える超シンプルトレーニング』（明治図書）、あるいは、大和出版から出している「ふくしま式」シリーズの問題集などを、ぜひとも参照されたい。

POINT

真似できる技術を与え、その技術の活用の場を与えること。この二つが揃えば、算数と同じように分かりやすい授業を行うことができる。

3 視野を広げる三つの方法

学校教師をやめて塾を開いてから、もう一〇年近くになる。そんな今、あらためて気がつくことがある。

それは、学校教師の視野の狭さである。

以前ツイッター上で、かなり年配の元教師がメッセージを送ってきたことがある。自分はある都道府県の国語研究会の副会長だった、などと言いながら、居丈高な口調で私に話しかけてきた。

それを見て、思わず笑ってしまった。市レベルであれ県レベルであれ、自治体の国語研究会のリーダーだからといって、それがなんぼのものか。組織の力と自身の力とを、混同している。研究の内容ではなく、組織の規模などという外枠で語ろうとする。私が小学校教師をしていた当時、たしかにそういうタイプの人が自治体の「〇〇研究会」に多かったという記憶はある。

彼らは、研究すべき本質をつかんでいないことが多い。井の中の蛙。要するに、視野が狭い。なぜそのように視野が狭まるのだろう。公務員であるということへの「誇り」が、いつしか「おごり」へと変化した結果であろうか。

ともあれ、学校教師は、もっと視野を広げるべきだ。

今回は、そのための三つの方策を端的に提示したい。

① 複数の教科書を読め

ご存じのとおり、教科は一つでも教科書会社は一社ではない。

教師は当然、無償で教科書を支給されるから、自分で金を支払ってまで他社の教科書を買い揃えることなどばかばかしいと思うかもしれない。

しかし、それでは指導の質は上がらない。

私は、小・中学校の国語科の教科書は全社、全学年、上下巻の全てを買い揃えてある。高校教科書も一定数ある。内容が更新されれば全て買い直す。

全てをくまなく読んだというわけではないが、「手元に置いてある」ということが大切だ。置いてあればこそ、必要に応じすぐに調べたり、比較したりできる。

国語科で指導すべきことはいったいどういうことなのかを研究する際、種々の教材を比較検討することは不可欠なのである。

一つ思い出した。

教師はよく、物語文などの読解指導の際、教科書の挿絵を根拠に説明してしまう。または、挿絵を根拠に説明する子どもの意見を、肯定してしまう。

そういう授業を、何度も見た。大きな間違いだ。

挿絵ではなく、あくまでも言葉で――国語科なのだから――勝負することを、教師は子どもに教えなければならない。

たとえばこのとき、ある教科書会社の挿絵と、またある教科書会社の挿絵とを比較すると、同じ物語なのに大きく絵が異なっているということがある。それを子どもたちに示せば、一目瞭然で伝わるだろう。言葉こそが頼りなんだ、ということが。

むろん、これは一エピソードにすぎない。教科書には、会社ごとにさまざまな工夫が凝らされている。普段使っていない教科書を手に取れば、発見は必ずある。教材・題材は、星の数ほどあるのである。

定番教材をそれなりに「料理」して自己満足にひたっている場合ではないということに気づくだろう。

②入試問題を解け

たとえばあなたは、小学三・四年生の担任を何度も受け持った結果、小学三・四年生の国語教材を料理するスペシャリストを自認しているかもしれない。『ごんぎつね』なら私に任せて、というように。まあ、教師であるあなたは、それでもよいのかもしれない。

しかし、子どもたちは、そうはいかない。

子どもたちにとっては、小学校の教材との出会いなど一過性のものだ。『ごんぎつね』など一度読んで終わりだ。

子どもたちは、中学入試、高校入試、大学入試という壁を乗り越えていかなければならないのだ。

ならば、あなた自身も、その入試問題を解いてみてはどうか。

今あなたが教えている子どもたちが数年後に戦うことになるその教材、その試験問題を読み解く経験は、今あなたが教えている小学三・四年生の教材の教え方に何らかの変化を及ぼすことだろう。

子どもたちの「未来」を見据えて、「今」の指導を構成せよ。

そういうことである。

のんびりと「初発の感想」を書かせたり、多様性・個性信仰でどんな意見も否定しない話し合い授業を展開したりしている場合ではないということだ。

③ 日本語文法を学べ

学校文法（国文法）は、日本語教師から見ると苦笑の対象になっているらしい。

いつまでも「主語」という概念にこだわっていたり、中学では「単語の数」をカウントさせてみたり。

そういうことがいかに不毛なことであるかは、日本語文法（外国人に日本語を教える際の文法）を学ぶことで、見えてくる。

たとえば、「主語＋述語」というくくりではなく、日本語文法で用いられる「主題＋解説」といったくくりのほうが、一文を要約するには大変分かりやすいのだということにも、気づくだろう。一文を正確に読む技術は、文章読解の基盤として不可欠だ。

国語教師とは、日本語教師でもある。

これは、当然のことだ。

一度、国語ではなく日本語としての指導体系を、見つめてみてはいかがだろうか。

POINT
学校教師は、とかく井の中の蛙になりがちである。様々なことがらにアンテナを張り視野を広げていくという気構えが、必要だ。

4 「読解」の本質を再確認する

全体を振り返る

この項では、これまでの内容をひととおり振り返っておきたい。

どんな本でも、一読しただけで吸収できたつもりになる読者がいるが、とんでもないことだ。子どもたちに何度も文章を読むことを要求するのと同じく、教師であっても、何度も再読していただきたい。指導の現場をイメージしつつ、あるときは手を止め、あるときは実際に教科書を開くなどしながら、何度も読む。

そういった再読の入口としての、振り返りである。

第1章1・2項で述べたことは、理解ということの根本についてであった。

すなわち、「分かる」とはどういうことか。

その答えは、第一に、「分ける」こと。「分」という字は、刀で二つに切り分けることを意味する。「判る」も「解る」も、「わかる」と読む。どちらも、分けることを意味する字だ。二元論、二項対立、対比関係によってあらゆるものごとをいったん「区別」すること。Bというものごとが A とどう異なるのかを明確にすること。それこそが理解するということであり、読解もまた同じである。文章を読む際は、書き手が描いている A と B を抽出し、書き手がそのどちらに価値（比重）を置いているのかを考えること。これが、読解のスタートであると同時に、ゴールである。

第二に、AではないBが「なにものであるか」を見定めること。虎について、「この動物は猫とは異なる」ということまでは分かっても、「虎である」ということを説明できなければ、それは理解しているとは言えない。その説明のためには、別の表現で「言いかえる」ための語彙力と、正確に言いかえる力（抽象化力・具体化力）が求められる。

第2章では、ふくしま式「三つの力」を詳述した。

1・2項では、「言いかえる力」について述べた。

抽象化とは、ある性質・特徴を引き出して残し、他の性質・特徴を捨てることである。具体化とは、その逆。性質・特徴が少ないものごとに、それを付与していくことである。

「トマト」を「赤いもの」とするのは抽象化。「赤いもの」に、「丸い」「野菜」などという特徴を加え「トマト」とするのが、具体化。「急増」を「変化」とするのは抽象化。そこに、「急に」「数量的に増える」という特徴を加えて「急増」とするのが、具体化。

この抽象化と具体化を核とし、さらに、抽象度に変化のない言いかえ（例：まだ知らないこと、つまり未知、など）を加えたものを、私は「言いかえる力」と呼んでいる。

「分かる」ために、そして、「自分は分かっている」ということを他者に証明するために、不可欠な力である。

3・4項では、「くらべる力」について述べた。

物語は、そのほとんどを、「Aだった主人公が、Cによって、Bに変わる話」という型によって要約できる。「対比的変化（A↓B）」と、その要因Cを明確にすること。とりわけ、まずA↓Bをつかむこと。AとBが「くらべられている」ということに、気づくこと。これが、文学的文章の読解の要であるということを、『ゆうだち』（一年）、『海の命』（六年）、『大造じいさんとガン』（五年）を例に、その要約文を示しながら述べた。

また、くらべる際は述語こそが重要であるということを、次のような例で説明した。「前の豆太は臆病。しかし、後の豆太は勇敢」など。述語には、できるだけ反対語を据えるようにするとよい。「ある・ない」だけでも、反対語だ。そうすると、対比の観点（軸）が統一され、誰にでも伝わる文になる。これを、たとえば「よい・ない」などとしてしまうと、途端に文は濁る。「今日はよい天気だったが、明日は日差しがないらしい」という文（ア）と、「今日はよい天気だったが、明日は悪い天気らしい」という文（イ）では、イの方が明確に「違い」が伝わる。「分けられている」からだ。私はこれを「鏡に映したような対比」と呼んでいる。まずそのように二分した上で、「明日は天気がよくないらしい」「明日はやや天候が悪化するらしい」などと、事実に即して厳密にしていくのは、むしろんかまわない。書き手は、(ア)のように崩して書いてくることが多い。その無秩序な文章を、(イ)のように秩序立てて再構成してみること。繰り返すが、これが、読解の最初の作業であり、最終的な到達点でもある。

5・6項では、「たどる力」について述べた。たどる力とは、因果関係を整理する力である。文学的文章の読解であれば、「書かれていない心情」を推しはかり、因果関係の飛躍を自分の言葉で補うことが求められる。説明的文章の読解でも同様に、いわゆる論理の飛躍を補い、筆者の「常識」を浮き上がらせることが大切になる――といったことを、具体例を挙げながら述べた。

以上、第2章までの内容を、簡単にまとめた。「三つの力」を実際に使いこなせるようになるには、実践が不可欠である。それぞれの技術を、さっそく実践に生かしていただきたい。

POINT

この振り返りの内容を全てそらんじることができれば、その理解は本物だ。

4章

テストとは授業の指標である

1 テストを作れてこそ、授業も作れる

ある私立小学校の憂うべき実態

私の塾の生徒は、半数が公立（及び国立）、半数が私立の学校に在籍している。

ある私立小学校に通う子が、学校で行われたというテストを持参し、授業後に質問してきた。

「先生、この問題、どうして私の答えが間違っているのか教えてください」

その子は、私の説明に納得し、すっきりした様子で帰った。

聞けば、学校の先生に同じ質問をしたところ、「先生が用意した答えと違うからバツ」などと、納得のいかない説明を受けたらしい。

その問題は、明らかにどこかの問題集のコピーの切り貼りで作られていた。おそらく、その問題集に付属している解答と違うということで、機械的にバツにしたのだろう。これがこの先生の、否、この学校の実態なんだろうなと私は思った。

その子にたずねたところでは、そのテストの出典は授業で使っている問題集などでもなく、読解の題材文も授業で扱った題材ではないと言う。

高校などでは、授業で指導していない初見の文章を含めた定期テストを課すことが多々あるが、小学校ではなかなか耳にしない。

むろん、応用可能な読解技術を授業でしっかり与えているならば、そして、その技術を応用させる意図のもとに作られた問題であるならば、初見の文章を題材にしてテストしても何の異論もない。

しかし、その子によれば、授業で読解の方法らしいことを教わったことはほとんどないという。にもかかわらずそのテストには、中学入試対策用と思われる、よくある読解問題が載っていた。

なお、その子と同じ学校に通っている他の複数の生徒も、ほとんど同様の不満を口にしていた。

市販の問題集を「コピペ」して定期テストを作っていることも、おそらく教師自身が問題をまともに解いておらず付属する解答を鵜呑みにして採点・指導していることも、全て非難に値するが、まあそれは置くとしよう。

何よりも重大な問題は、「授業で教えていないことをテストで問うている」ということである。

教えたことだけをテストせよ

定期テストとは、授業で指導したことの定着度を確認するものである。

小学校で言えば単元ごとのテスト、中学・高校で言えばいわゆる中間テスト・期末テスト。それが授業内容とかけ離れているとなれば、子どもが戸惑うのも無理はない。

教えていないことをテストで問う。許されないことだ。それが許されるのは、実力を試す一発勝負のテスト、すなわち入試（とその模試）だけである。

公立学校の先生方は、ひとごとのようにここまでを読んだかもしれない。しかし、心当たりがないだろうか。

たとえば、小学校の先生。

いわゆる市販テストを行う前日、テストを眺めていると、教えていない内容がそこに出題されていることに気づいた。そして、翌日のテスト直前の授業で、それに類する内容を指導し、それからテストに臨ませた。

あるいは、物語文を劇に仕立てるような授業ばかりをしていたため、文章そのものをあまり緻密に読ませておらず、いざテストになると子どもたちがなかなか得点できなかった。

こうしたときに抱いた後ろめたさや罪悪感。

おそらく覚えがあるのではないだろうか。

今すぐテストを作れるか？

教師は、そのあらゆる授業において、「目標」と「評価」をセットで明示できなければならない。

むろん、「協力して取り組む」「豊かに関わり合う」などといった無形の目当てではなく、形ある明確な目標を据える。

そして、それに沿った評定基準を定める。

授業でこれらができている教師は、テストを作成することができる。できていない教師は、テストを作成することはできない。

テストを作れる教師こそが、授業を作れる教師である。

考えてみていただきたい。

ここ一週間の国語の授業で教えたことの定着度を試すテストを作れと言われたら、今すぐ作れるだろうか。

苦笑気味の方は、もしかすると、指導目標が曖昧なまま授業をしてきたのではないだろうか。

さて、この本の後半、つまり4章から8章までは、「テスト作成」という切り口で考えていくこととする。

私はこれまで、多くの国語問題集を独自に作成してきた。

それらはどれも、授業の現場で子どもたちとともに磨き上げてきた教材群である。

ありがたいことに、どれも市場で高い評価を得ている。

優れたテストとはどのようなものか?

優れた問いとはどのようなものか?

こういったテーマを追究することを通して、優れた国語授業を生み出すための観点を獲得していただければと思う。

POINT

テストは、授業の目標と一致する。

テスト作成能力の高い教師は、授業力の高い教師である。

2 「読む力」と「書く力」を比較する

書く力と読む力の共通点・相違点

テストと言えば、読む力のテスト（読解）か、漢字・語句のテストくらいしか浮かばないだろう。しかし当然ながら、書く力もテストできなければおかしい。

先生方に問いたい。

通知表の「書く力」の評定について、その根拠を問われたとする。さて、どう答えるか。自信を持って答えられるか。難しいだろう。

感覚的に評定をしているのではないか。

「あの子は文章がうまい」と思える児童・生徒を二人イメージしてほしい。その二人の書く力にも、当然、差があるはずだ。それを、根拠を持って明示できるだろうか。

やはり、難しいはずだ。

3章までは、主に読解について述べてきた。

そこで、ここからしばらくは「書く力」をいかにして評定するかにスポットを当てる。それを通して、書く力を育てる授業づくりの骨組みを示したい。

さて、ここでさらに問う。

書く力と読む力の共通点・相違点を、今すぐに説明できるか。

続きを読む前に少し本を伏せて、考えてみていただきたい。

まず相違点から述べる。

書く力とは、自己のイメージを言葉に込めて発信する力である。

読む力とは、他者のイメージが込められた言葉を受信し、そこに込められたイメージを自己の言葉に込め直して発信する力である。

より端的に言うと、こうなる。

書く力とは、構成力である。

読む力とは、再構成力である。

こうしてみると、読む力の前提には書く力があるということが分かる。

読む力において発信が必要なのは、読めたかどうかを確かめるためである。誰が確かめるのか。普通は、教師や出題者といった他者を思い浮かべるだろう。それも正しい。

しかし、まず誰よりも、自分である。自分の頭の中で「読めた」と実感できるときというのは、自分に対しての発信が成功したときである。要するに、頭の中で整理できたときである。

さて、次に共通点だ。

これはもはや説明が要らない。なにしろ、先に述べたそれぞれの定義の中の共通の言葉を抜き出せばよいのだから。それは、「発信（力）」と「構成（力）」である。これが、共通点である。両者は同じものであるから、以後は「構成」の語で説明する。

構成力とは何か。

次の各文をもとに、考えてみてほしい。小学校学習指導要領（平成二〇年版）の抜粋である（いずれも「書くこと」からの抜粋）。

> ① 語と語や文と文との続き方に注意しながら、つながりのある文や文章を書くこと（一・二年）
> ② 段落相互の関係などに注意して文章を構成すること（三・四年）
> ③ 事実と感想、意見などとを区別するとともに、目的や意図に応じて簡単に書いたり詳しく書いたりすること（五・六年）

さてどうだろう。これら三つには共通点がある。

それはズバリ、「関係」である。①「つながり」、②「関係」。同じことだ。③はどうか。「事実」と「感想、意見」は、基本的に因果関係になる。「こうだ、だからこう思う」。また、「簡単に書く」というのは抽象化を意味し、「詳しく書く」というのは具体化を意味する。これは、抽象・具体の関係（同等関係）である。だから、③も「関係」だ。

つまり、構成力とは「関係整理力」のことであると言える。

書く力をテストするということは、すなわち、関係整理力を問うということなのである。関係整理力には大きく三つある。３章まで繰り返し述べてきたように、言いかえる力、くらべる力、たどる力である。すなわち、同等関係整理力、対比関係整理力、因果関係整理力である（ここに、一文ベースでの「主・述の関係」「修飾・非修飾の関係」などを整理する力も加わる）。

では、これをテストで問うために、具体的にどのような「設問」が求められるのか。そして、それを授業化する際に、どのような「発問」が有効なのか。その具体例は、次項以降で述べることとする。

「内容」をいかにして評定するか

ところで、関係整理力というものは、「形式」である。言いかえれば、「どう書くか」である。

「内容」「何を書くか」をテストすることは、できないのだろうか。
できる。
そのためには、次のような基準が有効になる。
どんな観点で書かれた内容かを問うのである。
・静的観点か、動的観点か。
・有形の観点か、無形の観点か。
・物理的観点か、心理的観点か。
・静から動、有形から無形、物から心へと推移させることに成功しているか。
これらについては、第5章3項から詳しく述べる。
まずは、「形式」の具体例から示していくことにする。

POINT

書く力をテストするということは、すなわち、関係整理力を問うということである。

5章

「書く力」を教え、評価する方法

1 「書く力」をいかにしてテストするか（1）

一文構成力を問う

書く力とは構成力であり、構成力とは関係整理力であると先に述べた。ここから2項にわたり、その具体像を示していく。

まず、この項では、言葉と言葉の関係を一文の中で整理する力に注目する。

いわば、一文構成力だ。

さっそくだが、設問を例示する。

設問

次の①・②は、少し分かりづらい文になっています。それぞれ修正しなさい。

① ぼくが読んだ本は、主人公とその仲間が船に乗って旅をして、いろいろな冒険をするという本を読みました。

② 電話は気持ちを伝えやすいが、メールは気持ちが分かりづらい。

答え

① ぼくは、主人公とその仲間が船に乗って旅をして、いろいろな冒険をするという本を読みました。

② 電話は気持ちを伝えやすいが、メールは気持ちを伝えづらい。

別解

① ぼくが読んだ本は、主人公とその仲間が船に乗って旅をして、いろいろな冒険をするという本です。

② 電話は気持ちが分かりやすいが、メールは気持ちが分かりづらい。

さて、この問いは何を試しているのか。①・②には、共通した意図がある。お分かりだろうか。

いずれも、「主体」への意識を試しているのである。主体とは、「誰が・何が」に当たるものだ。

①の主体を「ぼく」あるいは「本」に決めて、述語をそれに合わせていくというのは、

平易である。多くの子が自力で修正できる。

しかし、②はどうか。やや難しい。②は、主体が隠されている。述語をもとに主体をイメージできるかどうかが問われている。電話であれメールであれ、気持ちを「伝える」のは送り手であり、気持ちを「分かる」のは受け手である。送り手と受け手。主体が異なる。このことに気づき、「一文の中で主体を統一したほうが文の質が上がるはずだ」と考えられるかどうかを試すのが、②の問いなのである。

なお、実際にテスト化する際は、もう少し条件付けしたほうがよいかもしれない。たとえばこうする。

設問

次の①・②は、少し分かりづらい文になっています。それぞれの傍線部を書きかえなさい。

① ぼくが読んだ本は、主人公とその仲間が船に乗って旅をして、いろいろな冒険をするという本を読みました。

② 電話は気持ちを伝えやすいが、メールは気持ちが分かりづらい。

こうすると、答えはかなり限定され、採点しやすくなる。

それにしても②はハイレベルだ。そもそも、②の文は間違いとまでは言えない。しかし欠点はある。このことに自力で気づける子は少ないだろう。だから、②のようなテストは、授業を経てこそ価値がある。

こういう課題を授業で扱う場合は、傍線などは当然つけない。多様な答えが出るのが、授業の面白さだ。だから、授業ではたとえば次のように発問する。

> **発問**
>
> ①・②の文は、同じ理由で、少し分かりづらくなっています。その理由とは何ですか。

多くの子は①をヒントに②を考えるはずだが、それでも答えは多様になるだろう。多様になってよい（もしかすると、子どもの答えのほうが優れていることがあるかもしれない）。

ただし、教師は必ず、「解」を用意しておかねばならない。

多様性を許容しながらも一様な答えを用意しておき、それを示す。

それでこそ、子どもたちに一定の技能が身につく。

この発問の場合は、「誰が・何が」に当たる部分がおかしい、といった反応が出れば十分だ。それが教師の持つべき解でもある。

一文構成力の中で最も重要なのは、今回挙げた「主述の関係を整理する力」である。次に、「修飾語と被修飾語の関係を整理する力」が大切だ。

そして、そういった関係が乱れる要因として、「一文が長くなりすぎる」ことが挙げられるから、長い一文を短く書きかえる設問を作りそれをもとに授業をつくるということも、大切だろう。

言葉と言葉の関係を整理することで、文の意味が一つに「限定」されるようになる。この「限定」こそが、一文構成における最重要観点である。意味の揺らぎを防ぎ、書き手が抱くありのままのイメージを読み手に届けるために、不可欠な観点だ。

なお、学校文法では「主語」という言葉を用いざるを得ないが、できればあまり強調しないほうがよい。先にも触れたように、日本語文法ではあまり重視されない概念である。

次は、一文ではなく文章を構成する力をいかにテストし授業するかについて述べる。

POINT

一文の中における「関係」に意識を向けさせることが大切だ。

2 「書く力」をいかにしてテストするか（2）

「武器」の活用力を問う

書く力をテストするのは難しい。漠然としていて、何をどう問い、どう評価すればいいか見当もつかない。

そういうイメージを、多くの教師が抱いているに違いない。

限定しないから、そうなる。

まず、優先順位を決める必要がある。

何を書くか、つまり内容。

どう書くか、つまり形式。

優先すべきは形式である。

高校より中学、中学より小学、小六より小一というように、学年が下になればなるほど、形式の比重を高める必要がある。

形式とは、言いかえれば書く技術であり、書く際の型である。

書く目的を形式の習得に限定すること。これが第一歩だ。

さて、ここで設問を示そう。

設問

打ち上げ花火とクリスマスイルミネーションの違いを説明しなさい。「花火は〜。一方、イルミは〜」という二文で書きなさい（ここでは便宜上、「花火」「イルミ」と省略形で表記している）。

何をくらべるか（内容の一部）を与えてしまうことで、形式に目を向けやすくなる。
かつ、最低限の書き方（形式の一部）も与えてしまう。
ここまで限定しても、まだまだ、文章は揺れ動く。
たとえば、ある子がこう書いたとする。
「花火は、夏にゆかたなどを着て見る。
一方、イルミは、一二月頃に寒い中で見る」（A）
これを、あなたはどう指導するか。
少し考えてみてほしい。
私は、たとえばこう指導する。
対比ではまず「観点の統一」が大切、と伝え、次のように図示して下段を考えさせる。

夏　↕（　　）
ゆかたを着て↕（　　）

（　　）↕一二月頃に
（　　）↕寒い中で

右からそれぞれ、冬・コートを着て・八月頃に・暑い中で、などとなる。
夏と冬、観点は季節。
ゆかたとコート、観点は衣服。
八月と一二月、観点は月。
暑いと寒い、観点は寒暑。
これで、「観点」の意味は理解できる。
そして、「一方」の前と後とで観点が同じになるように書き直しなさい、と伝える。

たとえば、次のようになる。
「花火は、夏の暑い中でゆかたなどを着て見る。
一方、イルミは、冬の寒い中でコートなどを着て見る」（B）
あまり面白い内容の文章ではない。それなりの客観性はあるが、独自性は低い。
しかし、忘れてはいけない。指導の着眼点は、内容よりもまず形式である。
（A）は、観点がバラバラなので評定は低くなる。
（B）は、観点が統一されているので評定は高くなる。
こういった規準で採点すれば、書く力をかなり客観的に評定することができる。

次の文はどうか。

「花火は、八月頃に暑い中で見る。

一方、イルミは、寒い中で見る」（C）

まず、「暑い・寒い」はよい。観点が統一されている。

しかし、「八月頃」は、対比されるものが後半にない。

これを私は、「対比のバランス」と呼んでいる。前半だけ、パーツが多い。これはバランスの悪い文章である。

ただし、観点が統一されている分、（A）よりは評定が高くなる（（B）よりは低くなる）。対比のバランスには、「パーツの数のバランス」のほかにもう一つ、「抽象度のバランス」がある。

（A）の文章は、実はその一例だ。

「夏に⟷一二月頃に」

どちらも時節を表しているが、夏は抽象的、一二月は具体的。こういうアンバランスも、子どもは気づかずに多々書いてしまう。

まとめると、左図のようになる。

対比関係、二つのポイント

① 対比の観点の統一
② 対比のバランス
・パーツの数のバランス
・抽象度のバランス

そして再び、テストをする。

こういった目に見える共通の形式、いわば武器を子どもに繰り返し与え、かつ、自覚的に活用するための練習の場を与えていくこと。

授業で与え、テストで問い、何ができて何ができなかったかが子ども自身に分かるよう、明確に数値評定する（＝次の目標を与える）。

これでこそ、力がつくのである。

なお、こういった「違いを説明するための型」の完成形がこれだ。

ア は 1 なため A である。

一方、イ は 2 なため B である。

だから、ア よりも イ のほうが C であると言える。

単なる対比ではなく、因果関係が加わっている。

「ため」「だから」が、それに当たる。

むろん同等関係（具体・抽象の関係）も入るが、詳しくは省略する。

これは、私が提唱する「ふくしま式二〇〇字メソッド」である（『〝ふくしま式200字メソッド〟で「書く力」は驚くほど伸びる！』（大和出版）を参照）。

さて、次項は「内容」の高め方だ。

POINT

指導の目的を「形式」に限定することで、評価の客観性を高めることができる。

3 「書く力」をいかにしてテストするか（3）

「内容」を評定する手段

どう書くか、すなわち形式。

何を書くか、すなわち内容。

前項では、形式について述べた。ここでは、内容について述べる。

形式は、評定しやすい。たとえば、前項で述べたような、「対比の観点が統一されているか」「対比のバランスが整っているか」といった規準のもとで、一定の基準（ミス一か所につき二点減点、等々）を据えれば、採点可能だ。

しかし、内容は評定が難しい。文法的・論理的には書かれている文章に何の問題もないが、内容が薄く、面白くない。そういう文章がある。同様に文法的・論理的な正しさを備えた、内容の濃い、面白い文章との間で、どうやって評定に差をつけるか。

むろん、ある程度の主観が入るのはやむを得ないが、図工で教師が絵画を評価する際などにともすると生じがちな主観的評価にも似た評価を加えることは、控えたいところだ。子どもが納得し、次に生かすことのできる、「形ある評定」を行わなければならない。

そこで、次のような規準が有効になる。

「内容」の評価規準

①　客観性
②　独自性
③　普遍性

①　客観性

これは、前提の正しさである。

「誰だって泳ぐのは楽しいのだから、夏休み中の水泳大会を全員参加にしてもよいと思う」と書いたとする。「から」の前、すなわち前提が怪しい。

客観性とは、端的に言えば、一〇人中八人以上が納得する様子である。

この前提はそのラインに遠い。

そのラインを判断できるのは、経験豊富な大人、とりわけ教師である。その社会経験をもとに、客観性を判定すればよい。その意味では主観的評定を完全に免れるのは難しい。

しかし、結論（先の例ならば「全員参加にすべき」という結論）それ自体に対して良し悪しを断じ一つの価値観を強いているというわけではない。前提が正しいならその結論を認めよう、でも前提の客観性が崩れているよ、と言っているだけである。これは、絵画を教師の好みで選ぶような評価とは異なると言えよう。

②　独自性

これは、先ほどとは逆に、一〇人中二人以下しか考えつかないようなオリジナリティを発揮できているか、ということである。多くの場合、子どもたちの文章は左表・上段の性質を持つ。これを下段に移行させることにより、独自性ある文章を書けるようになる。

独自性を判定する五つの規準

1　静的観点　→　動的観点
2　具体的観点　→　抽象的観点
3　有形の観点　→　無形の観点
4　物理的観点　→　心理的観点
5　常識的観点　→　逆説的観点

たとえば、自転車と三輪車を対比し、自転車はタイヤが二つだが三輪車は三つだ、と書くのが、1〜4における上段の観点だ。自転車は速度を出せるが三輪車は出しづらい、とすれば、やや下段に移行する。自転車は（速度を出せるがゆえに）移動手段だが三輪車は単なる遊具だ、とすれば、「目的」という無形の観点が存在し、1〜3の下段に到達していると言える。

さらに、自転車は（速度を出せるがゆえに）交通安全上の不安が生じやすく、また、（移動手段であるがゆえに）移動先で駐輪する必要が生じ、盗難対策をする必要もあり、その意味でやはり不安がつきものの乗り物だ、などとするならば、4の心理的観点も加わる。

そこまで書いて、「だからこそ逆に、自転車はスリルがあり、安全・安心を確保しながら乗れるようになると、なかなかの充実感が得られる」などと逆説化することができれば、5の規準も合格だ。

オリジナリティというものは、このように、かなりのレベルまで「育てる」ことができるのである。

なお、1の観点が分かりづらければ、写真を見ているような観点から、映像を見ているような観点に切り替えよう、と教えればよい。

これら五つの「技術」を普段の授業で教えておき、教えたことをどの程度生かすことができているかという基準で、評定すればよい。

③ 普遍性

これは、②とも密接に関連している。文章に書かれていることが、ほかのさまざまな場面にも適用できるレベルに達しているかということだ。

たとえば、乗り物が呼び起こす安心感・不安感というテーマは、他の乗り物、あるいは「道具」一般にも広げることができる。

読み手が他の具体例をイメージできるほどに一般化・普遍化されている文章が、ハイレベルなのである。

「書く力」をいかにしてテストするかについては、この項で終える。

次は、全国学力・学習状況調査（全国学力テスト）をもとに、「テスト」を論じたい。

POINT
対比の観点を意識的に変えていくことで、オリジナリティを「指導」することができる。

6章

能力を測れるテスト、測れないテスト

1 テスト作成における最重要キーワード

「限定」することで、拡散を防ぐ

全国学力・学習状況調査（全国学力テスト）における国語テストの問題点と解決の方向性については、『授業力&学級統率力』（明治図書）二〇一三年一二月号に寄稿しているが、今回は二〇一四年四月に行われた調査をふまえて述べる。なお、これについての私の解説（一万字）をウェブで公開しているので、参照していただきたい。

http://ameblo.jp/yokohama-kokugo/entry-11842317320.html

私からすると、全国学力テスト（国語）は、こういう国語テストを作ってはいけないというお手本のようにすら見える。

端的に言えば、問うべき能力が拡散している。

国語力というものをどう定義しているのかが見えない。

二〇一四年小Bの最後の設問を見てみよう。国立教育政策研究所のサイトで、実際の問題が公開されている。以下、（引用）と記したものは、このサイトからの引用である。

http://www.nier.go.jp/14chousa/14mondai.htm

「あなたは、【詩1】と【詩2】をくらべて読んで、どのようなことを考えましたか。次の条件に合わせて書きましょう。〈条件〉詩の内容や表現の仕方などについて、共通点やちがう点を取り上げて書くこと。『たんぽぽ』と『まど・みちお』の両方の言葉を使って書くこと。八十字以上、百字以内にまとめて書くこと」（引用）

模範解答の一つはこうだ。

「二つの詩は、まど・みちおさんの植物や動物を愛する気持ちが伝わってくるという点で共通していると考えました。たんぽぽや動物たちの仲のよい様子を想像することができて、心が温まり、やさしい気持ちになりました」（引用）

こんな漠たる感想文が、日本最大規模の国語テストの模範解答なのか。「国語力」を試す設問の模範解答とは到底思えない。

目を疑う。やはり、国語教育は国にとっては道徳教育なのか。

さて、本質に踏み込もう。たんぽぽを題材にした二つの詩をくらべさせるというのなら、相違点のみを書かせたほうがよかった。

共通点を発見させる課題は、意味の差異が大きい場合にこそ有益になる。

たとえば、エレベーターとバスの共通点（例、どちらも混雑の影響を受けて所要時間が変わる）。

一方、相違点を発見させる課題は、意味の差異が小さい場合に有益になる。

たとえば、幸運と幸福の相違点（例、感じる時間の長さが異なる）。

今回の二つの詩は、後者に近い。

むろん相違点の解答例も解説に挙がってはいるが、果たしてどれだけの子が相違点を書いただろうか。

「相違点」でもなく「共通点」でもなく「共通点と相違点」でもなく、「共通点や相違点」という課し方をしている時点で、問うべき能力が拡散している。

共通点を発見するには抽象化が求められる（同等関係整理力）。

相違点を発見するには、観点を統一して対比することが求められる（対比関係整理力）。

欲張らず、ここでは後者に限定すべきだった。

能力というものは範囲を限定して初めて評定可能になる。

「問題解決力」などという実体なきものは評定できない。「読解力」でもダメ。「対比関係整理力」まで限定して初めて評定できる。

ところで、こんな答案の場合は、どう評定（採点）したのだろう。

「まど・みちおさんの『タンポポ』という詩は、いろいろな動物が出てきて、いいと思います。『たんぽぽさんが呼んだ』のほうは、あーらひょーらぷーらしょとかいうのが、踊っているみたいです」

ここに共通点が「ある」と言えるだろうか。どちらも前向きにとらえているという点では、「ある」。しかし、「どちらの詩も楽しいです」といった、抽象化した表現はない。その意味では、「ない」。

相違点はどうか。先にも述べたことだが、相違点は必ず統一された観点のもとに述べなければならない。しかし答案では、「いいです」「踊っているみたいです」となっており、食い違う。「いい・悪い」「踊っている・いない」などと観点を統一せねばならないが、そうなっていない。だから相違点は「ない」。しかし、少なくとも字面では、違ったことを書いている（多様性に気づいているともとれる）。その意味では、「ある」。

こうなると、採点者の国語力に依存した採点となる。

採点者の中に「統一された観点の有無をチェックする」という規準がないと、こういう答案はマルになったりバツになったりして揺らぐ。

そのあたりは、国立教育政策研究所の採点方法の解説には載っていない。

私が記述式で課すならば、その「観点」さえも事前に与えるだろう。「詩の内容や表現の仕方などについて」などと拡散させず、たとえば「表現」だけに絞る。

この問題の出題意図は、国立教育政策研究所が公開する解説にこうある。

「二つの詩を比べて読み、自分の考えを書くことができるかどうかをみる」

自分の考えを書けたかどうかを、そもそもどう判断するのだろうか。

無理だ。答えが拡散する。

「限定」――これが、テスト作成における最重要キーワードなのである。

ちなみに、作者の名を必ず入れろというのも疑問だ。「話者」はどうなる？　テクスト論の観点では？　……疑問は尽きない課題であった。

POINT

どんな技術を問うのか。それを追究していけば、必然的に「限定」することになる。

2 入試問題を見よ！（1）類似したものごとの間の相違点を問う

「なぜですか」一辺倒

日々、読解問題を解いている。

生徒たちが通う小・中・高校で課されるテスト。

わが塾と同時に通っている他の塾や予備校の模試。

そして入試問題――中学受験、高校受験、大学受験を問わず。

これら全てに共通して出題されるのが、「長文読解問題」だ。

私は、読解偏重・長文速読主義・難解複雑信仰の国語試験を一貫して批判し続けている（『国語が子どもをダメにする』（福嶋隆史著・中公新書ラクレ）を参照）。

それでも、子どもたちは遅かれ早かれその壁に立ち向かわなければならないというのが現状である。

その対策の第一歩として、設問を類型化することが求められる。

すると、次のような傾向が見えてくる。

頻出設問パターン・トップ3

①「なぜですか」
②「どういうことですか」
③「どう違うのですか」

むろんほかにも種類はある。
しかし、本質的な思考力を試す設問は、多くがこの三つに集約される。

①は、因果関係整理力を試す設問。
②は、同等関係整理力を試す設問。
③は、対比関係整理力を試す設問。

①の「なぜですか」が占める比率は、おそらく五割に近い。この比率は、正直なところ偏りすぎだと思う。「なぜですか」一辺倒である。問いとしての工夫が足りない。というより、本質的能力をバランスよく問うているとは言えない。

そもそも、理由というのはレベル調整が難しい。

職員室に勝手に入ってはいけないのはなぜかという問いがあるとして、いったいどこまで理由を説明すべきなのか。相手の持つ常識の幅に左右されてしまう。

同様に、「なぜですか」という問いの答えも、幅が出てしまうのだ。

私自身は、②と③の問いが好きだ。

この二つのほうが、整理してものを考える力を高めるのにふさわしい課題だと思う。

前置きが長くなったが、今回は、そのうちの③「どう違うのですか」について述べる。

そもそも「知識」とは何か？

ここで、実際の入試問題を一挙にご紹介しよう（主旨が変わらない範囲で要約している）。

・「ザバーン！」と「ザバンッ！」の音の違いを説明しなさい。
（筑波大学附属駒場中学校　2007年）

・（谷川俊太郎の詩「うつろとからっぽ」を読ませ）「うつろ」と「からっぽ」のように、似ているようで違う言葉を挙げ、違いを一〇〇字以内で説明しなさい。
（慶應義塾湘南藤沢中等部2014年）

・「会う」と「見かける」の違いを説明しなさい。（開成中学校2013年）
・「旅」と「観光旅行」の違いを二〇字以内で説明しなさい。（雙葉中学校2012年）
・「手品師」と「魔法使い」の違いを説明しなさい。（学習院女子中等科2012年）
・「理解」と「認識」との違いを説明せよ。（開成高校2013年）
・「教養」と「趣味」の類似点と相違点を説明せよ。（京都大学2004年）

実に興味深い問いばかりだ。どれも、書いてみたくなる。

これらの多くは、課題文として提示された長文の中で対比されている言葉をピックアップして説明させているものだが、課題文なしにズバリこのまま問うても面白いと思う。

そもそも、「知識がある」とはどういう状態か。

それは、類似したものごとを識別するための記号（言葉）を持ち、それを自覚的に活用できる状態にあることを意味する。

多くの知識を持っているということは、多くの概念（イメージ）を区別できるということである。

「旅」と「観光旅行」の違いを分かりやすく説明できる人は、「旅」の概念と「観光旅行」の概念とを区別できる人だ。一方、それを区別できない人もいる。この二人の間には、大きな差がある。

それは、世界の広さの差だ。

言葉の数だけ、世界が広がる。言葉こそが世界を切り分ける。

地球にやってきた宇宙人が、「男」「女」あるいは「人間」という言葉を持たないならば、その宇宙人にとっては、男も女も、人間も、存在しない。「日本」や「アメリカ」という言葉を持たなければ、それらも識別できないだろう。そのとき、宇宙人にとっては日本もアメリカも存在しない。言葉によって初めて、存在するようになる。だから、言葉の数だけ世界が広がると言えるのである。

違いを問う設問というのは、このように知識の本質を試すものであり、有意義だ。もっと多くのテストで出題されることを願う（なお、先の数々の問いに答えるために不可欠なのは、対比の観点を統一し、バランスを整えながら説明する力である。これについては先述のとおりである）。

POINT

「なぜですか」に頼りすぎず、「どう違うのですか」と問うべきである。

3 入試問題を見よ！（2）文学をテストするなかれ

『ごんぎつね』に価値はあるか？

二〇一四年五月、私は、〈日本国語教育改革ネットワーク〉というものを立ち上げた。実質的にはまだメーリングリストのみの存在であり、組織と呼ぶには未熟だが、それでも全国の塾教師・学校教師あるいは一般の方々が一〇〇名超、参加して下さっている（詳しくはウェブで検索していただきたい）。

さて、その中で今話題になっているのが、

> 『ごんぎつね』やら『大造じいさんとガン』やらを教える価値があるのか？

というテーマだ。私の投げかけた問いが発端である。

結論から言って、価値は薄いと私は思う。

「を」を「で」に替えても、大差ない。

たしかに、ごんぎつねを教えるよりは、ごんぎつねで教えるほうが言語技術教育の観点には沿うかもしれないが、じゃあなぜ『ごんぎつね』でなければならないのか。

教科書に載っているからか。古典的名作だからか。

そんなことは本質的な理由にはならない。

国語の授業で教えるべきは言語技術であり、言語技術とは思考技術のことである。その内実がどのようなものであるかは、ここまでにかなり詳しく述べてきた。それらの技術を「読み」の分野で指導するのに最適なテクストとは、『ごんぎつね』などのような、五〇〇〇字ほどにもなる長文ではない。

ふさわしいのは、せいぜい一〇〇〇字に収まるような長さの文章である。思考技術を定着させるためには、そういう短い文章を数多く読ませる必要がある。算数において、なるべく多くの基礎練習問題を与えるべきであるのと同じことだ。

そもそも、思考技術を定着させるために必要な題材とは、文学的文章ではない。説明的文章である。そのほうが初歩段階には向いているのである。

そんなの逆だと思われるかもしれない（実は子どもたち自身もそう思っている節がある）。

しかし、文学とはそもそも、論理の骨組みを隠しに隠し、様々な肉づけをした芸術作品である。

技術を定着させるには、最初から芸術を与えてはいけないのだ。

ここで、先ほどからのテーマである「テスト」に話を戻そう。

中学入試はもちろんのこと、高校入試でも大学入試センター試験でも、必ずと言ってよいほど文学的文章が出題される。

私は、文学をテストに出すことに、明確に反対である。

もちろん、私立学校であれば、結局は「わが校に入ってほしい生徒」、もっと言えば「好きな生徒」を選ぶ目的で入試を行うのだから、小説を出題して「わが校ならではの基準」で採点するのも勝手と言えば勝手である。

しかし、公立高校の入試やセンター試験において堂々と小説が出題されることには、大いに疑問がある。

文学とは、たとえ二とおり・三とおりに絞り込めるとしても、それだけ多様な解釈が残る存在である。

それを真面目にテストしようとすれば、設問も採点基準も難解複雑になる。

「主人公のこの言動からは、二とおりの相反する心情を読み取れます。それぞれの心情を端的に述べ、それらがどちらも妥当であると言える理由について、文章中の記述を引用しながら説明しなさい」

……などといった問いにせざるを得ない。

文章中には解釈が一つになる平明な箇所も当然あるはずだが、そういう単純な文脈整理力を問いたいのなら説明的文章で十分だ。

文学を出題する価値があるとすれば、多様な解釈を引き出す力を試せるという点だが、それをいかにして公平に採点するのか。至難の業だ。

入試のみでなく、基礎力の定着度合いを試す目的で行う学校の定期的なテストの中でそういった問いを出すことに価値があるとは、思えない。

私は、物語・小説の読み取り方として「対比的心情変化」という技術（先述）を提唱しているが、これとて本来は多様性を無視した荒削りな読み方である。

芥川賞作家・平野啓一郎氏は、その著書『本の読み方　スロー・リーディングの実践（PHP新書）』（PHP研究所）の中で、プロット（骨組み）ばかりを重視しノイズ（肉付け）を無視する読み方に警鐘を鳴らしている。

文学をテストしようとすれば、ノイズを無視した読み方を強要せざるを得なくなる。危険なことである。

それが文学の読み方なのだと、子どもたちは「学んで」しまうだろう。

話を戻そう。

『ごんぎつね』を授業してもいいと私は思う。

しかし、その授業は、「テストできない授業」になるであろう。

そういう高尚な授業は、初歩的言語技術を体得すべき段階で求められるものなのだろうか。

多様性の前に、一様性である。

昨今、「一つの正解を求める教育」批判があちこちで聞こえてくる。

それは究極的には正しい。

しかし、多様な正解を見出す能力は、一つの正解を見出す能力によってこそ、引き出される。

文学より論説を。長文より短文を。

確かな技術は、そこでこそ培われる。

次項では、また別の角度からテスト・授業のあり方を考える。

POINT

「多様な正解」よりもまず「一つの正解」を導き出せる問いを、優先させる。

7章

「総合力」への警鐘を鳴らす

1 総合力信仰から脱却せよ（1）

総合力を問うテストに対して、私はいつも懐疑的だ。

そのテストは、本当に能力を測ることができているのか。

客観的に採点可能なのか。

得点できた理由と減点された理由、つまり何がよくて何が悪かったのかを子ども自身が明確に理解し、それらを次の学習・次のテストに生かすことが可能なのか。

そもそも、出題者の側に、測るべき「能力」の定義が存在するのか。

出題が総合的になればなるほど、こういった疑問は強くなる。

テストには二種類ある。

一つは、実力テストの類。いわば総合力テストだ。知識・技能の総動員が必要になる。

もう一つは、定期テストの類。こちらは、部分的・限定的な知識・技能を問われる。

前者は、中・高・大の入学試験及び適性検査、全国学力テスト、あるいはＰＩＳＡ調査などである。

後者は、小・中・高（大）において定期的に行われるテストのことである。

何ができ何ができなかったのか。

このことがはっきり分かるのは、明らかに後者である。

何ができ何ができなかったのかが不明確なままに終わるテストは、「次」に役立てることができない。

となれば、重視すべきは後者であって、前者ではない。

総合力テストは、入試など、一度きりの場にとどめるべきである。

「何を言っているんだ、実際、そうなっているじゃないか。何に文句があるんだ？」

そう思うかもしれないが、それは違う。

問題は、国語テストというものが常に（定期テストであっても）総合力を問うものになりやすいということ、そして、国語に限らずあらゆる教科において、昨今、総合力テストの形式と内容を、そのまま授業に持ち込んでしまうケースが増えているということだ。

授業とは、個々別々の技能を子どもたちに与えていくための場である。

算数で言えば、「今日は面積の公式ね」。理科で言えば、「今日は天体の動きね」。

ところが今や、「今日は算数の総合力ね」「今日は理科の総合力ね」というような授業が、最も先端的な授業として賞賛の対象になりつつあるというわけだ。

先ほど、「あらゆる教科において」と書いたが、この頃は「教科横断的」という言葉が今まで以上に神々しいものとして崇められるようになり、教科そのものの枠組みが取り払われようとすらしている。

文科省が主導する、高校生を対象とした「達成度テスト」※の思想が、まさにそれである（※現在、まだ仮の名称である）。

総合力信仰とも呼ぶべきこうした事態が訪れていることを、危惧しないわけにはいかないのである。

さて、本来ならここで、国語テストが常に総合的になりやすいということ、及び、総合力テストが授業にそのまま持ち込まれていること、それぞれについての具体例を示すべきなのであるが、それは次項以降で述べる。

ここでは、私が以前某新聞に投書して不掲載となった概論を公開するにとどめることとする。

以下【　】内が、投書の全体である。

【全国学力・学習状況調査（全国学力テスト）については、テスト結果の公開の是非についての議論がもっぱらである。しかし、それ以前に問われるべきは、テスト問題そのものの「質」ではないのか。

私は国語専門塾の教師であるから、国語についてのみ述べる。

ひとことで言えば、このテストの設問は、拡散している。限定されていない。どんな能力を問おうとしているのか、その輪郭が浮かび上がらない。曖昧である。

私は、国語力とは論理的思考力のことであり、論理的思考力とは「言いかえる力」「くらべる力」「たどる力」、すなわち、抽象・具体の関係を整理する力、対比関係を整理する力、因果関係を整理する力の「三つの力」であると明確に定義している。

一方で、このテストは、そういった明確な定義のもとに作られてはいない。当然である。定義の曖昧な学習指導要領に基づいて作られているのだから。とりわけ国語科の学習指導要領は、他教科以上に不明瞭である。

「国語を適切に表現し正確に理解する能力を育成し、伝え合う力を高めるとともに、思考力や想像力及び言語感覚を養い、国語に対する関心を深め国語を尊重する態度を育てる」

これが、小学校学習指導要領（平成二〇年告示）に記された、国語科の大目標である。中学もほぼ同様だ。想像力。言語感覚。曖昧な言葉が並んでいる。ゆえに、それをもとにした学力テストでも、問うべき能力が定まらない。

この平成二〇年の改訂では、「言語活動」がクローズアップされた。そこには、報告・記録・討論・創作・編集・紹介といった活動例が示され、それらを通して国語の力を育てよと書かれている。だから、学力テストもそういう色合いを出そうとする。

その結果、「これは話し合いの一部です」「創作中の物語の下書きです」「調べて貼った付箋のメモです」といった素材ばかりになる。端的に言えば、不要な演出である。

こういうものが重なれば重なるほど、問うべき能力は拡散し、不透明になる。

過度に多様性を許容した「話し合い」の文章を読ませそれを参考に自分の考えを書かせるといった、採点基準の疑わしい自由度の高い記述設問も、そういった演出の産物だろう。

学習指導要領を定める文部科学省には、「国語力とは何か」という問いに改めて向き合ってほしい。

そして、学力テストの問題を作っている国立教育政策研究所には、二〇〇万人以上の子どもたちを断罪するテストだという自覚を持ち、演出を減らすことで剥き出しの思考力を正確に問うことのできる設問を増やすよう、切に要望したい】

POINT

「教科横断」「総合力」といった言葉を、まずは疑うこと。

2 総合力信仰から脱却せよ（2）

「生きる力」とは何か

前項に続き、いわゆる教科横断的・総合的なテスト及び授業に対する警鐘を鳴らす。

概要は前項で述べた。ここでは少し具体化する。

国語のテストは、総合力を問うものになりやすい。

理由は簡単だ。

多くの教師が、「形式」ではなく「内容」を扱うのが国語科だと思っているからである。

形式を軽視し内容を重視すればするほど、形式を細分化せず総合する結果となる。

内容重視の国語は、子どもの多様な知識に依存している。

物語・小説など文学の読解においては、それは道徳的な体験的知識である。

たとえば、最初はケンカしていたが最後に仲直りするお話であれば、ケンカと仲直りの体験が必要だ。ケンカをしたことのない子は、そういう展開のお話を題材にした「内容重視のテスト」で、満足な点数を取れない。

もちろん、ケンカをしたことのない子などほとんどいない。では、「人を裏切る体験」ならどうか。「身近な人が亡くなる体験」ならどうか。あるいは、「震災のとき被災地から遠い地域に住んでおり震災を免れたことからくる罪悪感を抱き続ける体験」ならばどうか。

「体験がある」というのは、その体験を言葉にして記憶に刻んでいるということを意味する。罪悪感らしきものを抱いたとしても、「罪悪感」という言葉を使わなければ、それが「罪悪感を抱いた体験」として固定化することはない。

言葉として刻まれているこのような体験的知識の総量が、「内容重視のテスト」では成績に大きな開きを生んでしまう。

言うまでもなく、体験は必要だ。多いほうがよい。しかし、その総量から受ける影響が大きいテストでは、どんなに言語技術を学んでも点数は上がらなくなる。

言語技術とは、思考の「形式」である。

言いかえれば思考の型・技術・方法、すなわち論理的思考力である。

「被災地で家族を失ったBさんに対してAさんが謝ったのはなぜか」といった問いよりも、「長なわの授業でチームのみんなに対してAさんが謝ったのはなぜか」といった問いのほうが、体験的知識の総量に対する依存度が低い。

どちらも「なぜ」と問うており、因果関係整理の技術を求めている。後者のレベルであればこそ、その技術の習得度を試せる。前者はたとえば、「震災当時都心に住んでおり被災を免れたことで、言いようのない罪悪感を抱いたから」などといった理由かもしれない。

一方の後者は、「自分がチームの記録を止めてしまったことで、申し訳なく思ったから」などといった理由かもしれない。どちらも、「（ア）したことで（イ）となったから」といった形式への意識こそが重要だ（ここでは、イは特に心情）。

この形式は、真似することができる。他の場面に転用できる。それが技術というものだ。技術は、学習者の人生を支える力、いわば生きる力となる。そして、国語のテストでは、こうした言語技術をこそ試すべきである。

しかし、前者のような難解な題材を用いたテストでは、その技術の習得度を試す前に体験の総量を試さざるを得なくなるのである。

説明的文章の読解においても、これは同じことだ。

理科的あるいは社会科的な知識の総量が少ないと不利になるような題材文は多い。また、文学と同様、道徳的体験の総量が問われる論説文も多々ある。

〈難解複雑な長文読解〉になればなるほど「内容」が背後で求められ、「形式」を試すことはできなくなる。国語読解テストというものはできるだけ〈平明単純な短文読解〉に仕立て上げるべきなのだ。

「書き」の分野でも、この現象は同様に起こる。

「何を書いたか」を優先し、「どう書いたか」を二の次にするテストが、あまりに多い。中学入試、高校入試、大学入試問わずである。

ここまでに書いたことは、入試に関する話に限ったことではもちろんない。

小学校における国語科の授業などは、「内容」重視の最たるものである。『じどう車くらべ』（一年）ならば自動車事典を作らせ、『おにごっこ』（二年）ならば校庭で鬼ごっこをさせ、『見立てる』（五年）ならば実際に何かを何かに見立てさせようとする。むろん、いずれも体験的知識の素地になることであり無駄ではないが、それらの体験が「読み」の究極の目的になってしまうのでは本末転倒だ。言語活動とは本来、身体活動のことではなく精神活動を指す。そのために必要なのは、そうした本末転倒を改め、「意味」から入るのではなく「記号（言葉）」から入る授業を構成することである。

もちろん、形式と内容を明確に切り離すことは難しい。

大切なのは優先順位と比重である。それは、ゴールをどこにするかということでもある。内容を超えて形式を目指せばこそ、子どもたちの生きる力は高まるのである。

POINT

総合力信仰を脱却するためには、「形式」を優先させる必要がある。

8章

優れた「問い」を生み出すための要諦

1 価値ある「問い」を生み出す技術

比喩の抽象化は細部読解に不可欠

これを書いている今、私の塾はまさにテストウィークである。

ここ二ヶ月以上授業で扱い続けてきた短編小説「カーネーション」(『まゆみのマーチ自選短編集・女子編(新潮文庫)』(重松清著・新潮社)他に所収)の読解を総まとめするためのテストだ。

生徒たちには文庫本を丸ごと与え、授業してきた。

文庫本にはもちろん「問い」がない。

授業における発問もテストにおける設問も、全て私のオリジナルだ(およそ五〇問ほどを作り、その一部を二ヶ月かけて授業した)。

先に私は「文学をテストするなかれ」と説いたが、実際問題としてテストしないわけにもいかないという先生方がほとんどであろうから、この項ではその問題作成の一端を紹介しておきたい。

先にも同様のことを述べたが、読解の設問というのは大きく分けて三つある。

① 言いかえる設問
② くらべる設問
③ たどる設問

その中身をさらに細分化すると全部で一六とおりになるというのが私の分類方法である(詳細は、『国語読解［完全攻略］22の鉄則』（福嶋隆史著・大和出版）をご覧いただきたい)。

ここでは、その中の「言いかえる設問」について例示する。

広い意味では全ての読解設問が「言いかえ」を要求しているわけであり、その重要度はきわめて高い。

言いかえる設問の多くは、次のように問われる。

「どういうことですか」

慣れていないと、「え？　どういうことってどういうこと？」となってしまうが、この問いは「言いかえ」（抽象化・具体化）を要求しているものであると教えておけば、反応力はまるで違ってくる。

さて、先述の重松清の短編「カーネーション」に、次のような一節がある。

「ボランティアみたいなもんじゃん、それ」

――「いまどきのジョシコーセー」である高校二年生の聡子は、家でテレビばかり見ているだけのだらしない母親を嫌っている。その母に似たオバサンが電車内で隣に座っている。こんなオバサンでも、母の日だからってカーネーションをもらうわけ？　私は絶対あげたくない。ボランティアみたいなもんじゃん、それ。――と、こういった展開の中の一節だ。

「ボランティアみたいなもんじゃん、それ」とは、どういうことですか――これが、問いである。

解くほうは、「どういうことですか」と問われた時点で、言いかえだ、と考える。

次に、問われている部分が具体的イメージの浮かぶ比喩であるから、これは抽象化問題だ、と考える。

ここで肝心なのは、「ボランティア」をどう言いかえるか、である。

子どもたちは、意外にボランティアの意味を知らない。

小・中学生の多くは、「ゴミ拾いとか、そういうの」「手伝うこと」「困っている人を助けること」などと答える。

どれも間違いではない。しかし、部分的・限定的だ。

最も肝心なのは、相手のために尽くすこと、とりわけ、「見返り（利益）を期待せずに」尽くすということである。

これをノーヒントで答えられた子は、せいぜい一割だった。

ここに気づいたとき、初めて先ほどの言いかえを正しく答えることができる。

模範解答は、次のようになる。

「『こんなオバサン』は自分に何も利益を与えてくれていないはずであり、そういう人にカーネーションを渡すことは、見返りもない中で一方的に与える奉仕活動のようなものだということ」

家事をさぼっている母は、私に何も利益・恩恵を与えてくれない。そんな人にカーネーションなんて渡したくない——そういう、斜に構えたような娘の考え方を説明させる問いであった。

素直な小学生には、共感するのがやや難しいだろう。

しかし、整理して言いかえていくうちに、意味をつかみとることができるようになる。そして、意味を理解したときに初めて、人物像が浮き彫りになってくる。そうか、この聡子という人物は、一方的に何かをしてあげるのは嫌だ、双方向ならいいけど、などと理屈を考えることができる人間だけれど、ちょっとひねくれた性格なんだな――こんな読み取りができるようになる。

さて、では、出題者すなわち教師は、こういった読みを可能にするために何ができるか。

それは、細部の比喩表現を見過ごさないことである。

詩ほどではないにせよ、小説・物語に比喩はつきものだ。

メッセージを明示せず、暗示する表現。

そういう表現に目を留め、子どもたちに問う。「どういうことですか」と。

そういう「比喩の言いかえ問題」を多数与えるうちに、子ども自らが、比喩に目を留めるようになる。

文学を読み解くために不可欠な問い方として、参考にしていただければと思う。

ともあれ、問いを類型化し意識的に区別して扱っていくことが、肝心である。

POINT

文学の読解をさせるなら、「比喩の抽象化」を意図的に課すことが大切である。

2 テストとは「教師のテスト」である

この項は、4章以降の総括として述べる。

本当に「教えたいこと」のある教師は、テストも自分で作る。

テストを自分で作らない教師は、教えたいことのない教師である。少なくとも、教えたいことの輪郭がぼやけている教師である。

私がそのことに気づいたのは、小学校教師をやめ、塾を開いてからである。

小学校教師の頃は、学年単位で購入する市販テストを与えるのが当たり前だと思っていた。

いや、もちろん薄々感づいてはいた――授業内容とテスト内容がこんなに違っていていてよいものだろうか、と。授業では、工夫に工夫を重ね様々な思考の場を与えていたのに、市販テストには、思考力を問うような設問がきわめて少なかった。つまり、簡単すぎたのだ。

しかし、授業は授業、テストはテストで別物と思ってしまっていたのは否めない。

これは、今思えば、あり得ないことだ。

テストとはまず、指導の成果を試すためにある。別物であるはずがない。

塾を開き、日々指導する中で、「教えたいこと」が明確になっていった。それと同時に、「この問題集では教えられない」「この入試問題では測れない」という不満ばかりがふくらんでいった。その必然的結果として、オリジナルの教材、オリジナルの問題が次々と生まれたのである。

むろん、塾教師（講師）であればみんなテストを作れるというわけではない。むしろ、作れない教師のほうが多い。

それは皆、教えたいことのない教師である。

誰かが作った問いをなぞり、誰かが作った選択肢をなぞり、誰かが作った答えをなぞる。子どもの答案がなぜ正解か、なぜ不正解かを説明する根拠は、誰かが作った解説だけである。その解説に書いていないことは説明できない。

学校も同様である。

市販テストの付録としてついてくる赤字の入ったプリントだけが頼りだという教師が多いに違いない。私立学校とて似たようなものだ。先にも述べたが、どこぞの問題集のコピーを堂々と切り貼りし、それを全生徒に配付してテストし、子どもが書いた答案を不正解にする根拠として、「問題集付属の解答と違うから」としか説明できない教師のいる名門私立が存在する。

そんな教師、そんな学校が実に多い印象がある。

私の塾には、国公私立・小中高、多様な学校から生徒が通っており、彼らが持参するテストを見ると、そのあたりが明白に伝わってくるのである。

ところで、教師間では、模擬授業というものが行われる。

模擬授業にも二つある。

一つは、形式重視の模擬授業。「どう教えるか」を見る。話し方、リズム・テンポ、子どもの発言に対する受け答え方、等々。

もう一つは、内容重視の模擬授業。「何を教えるか」を見る。国語の場合、それはズバリ論理的思考力、すなわち言語技能を与えることができる授業かどうか、という観点である。

むろんどちらも重要だ。しかし、実は前者ばかりに目が向きがちなのが模擬授業なのではないかと、私は最近考えるようになってきた。

模擬授業にとどまらず、研究授業、あるいは授業一般でも同じだ。

子どもを引き込む演出のような部分に、われわれは目を向けがちである。しかしその実、振り返ってみるといったい何を教えていたのかという授業が、けっこうある。

優れた授業とは、話し方が多少不器用でも、子どもの発言に対する受け答えが多少乱れても、それでもブレない、盤石の教材研究の上に構築された授業のことを言う。

そして、そういう授業を構築できる教師は、テストをも構築できる。そういう授業をする教師は、テストも自分で作らないと気が済まなくなる。授業を作れる教師はテストを作れる教師であり、テストを作れる教師は授業を作れる教師である。

テストとは、教師の実力を測るテストなのである。

テストというものは、教師の指導が当初の目標どおりに子どもに浸透したかどうかを測るバロメーターでもある。指導がうまくいっていないとき、子どもは特定の設問で一様に点数を落とす。そうやってテストに反映された結果を見て、教師は反省し、次の授業に生かしていく。その意味でも、テストとは、教師のテストである。

もし、指導がうまくいっていないのにそれが点数に反映されないとすれば、それは、テストがテストとして機能していないことになる。そういうテストを与えた時点で、教師として手を抜いていると言わざるを得ない。この意味でもまた、テストとは、教師のテストなのである。

POINT

授業技術（形式）と教材研究（内容）をくらべるなら、後者のほうが重要だ。子どもとは違い、教師はいずれにおいてもプロたらねばならない。ゆえに、「内容」重視でよい。

おわりに

この本のまとめに代えて、『授業力&学級統率力』二〇一四年二月号（明治図書）に寄稿した文章を、掲載しておくこととする（一部加筆修正済）。

これは、学校教師の方々への激励文である。

〜　学校教師は、まず「無知の無知」に気づかなければならない　〜

学校教師は専門性が低い

私は、公立小学校で五年程勤務したあと、国語専門塾を開いた。二〇一六年三月で、まる一〇年となる。

私の塾は一般的な進学塾とは異なり、受験合格のみを目的としているわけではない。あくまでも、一生必要になる国語力、すなわち論理的思考力の育成を目的としている。その副次的効果として、合格も得られる。……と、そういった差異はあるにせよ、まあ塾であることには変わりない。学校と進学塾、どちらに近いかと言われれば、やはり後者である。

公立学校教師を辞め、そういう立場で一〇年近くやってきて、はっきりと言えることがある。

それは、専門性の違いだ。

最近は、公立・私立の学校からお声かけいただき、講師として出向くことも増えてきた。そんな中、公立学校を訪れた際に痛感したこと。それは、専門性の低さである。一般的な指導技術だけでなく、教科に対する専門性が低い。

私自身、小学校教師の頃はそれなりの専門性を持って授業を行っている自負があったが、それすらも、今思い出すと恥ずかしいほどのレベルだ。

「無知の知」と言う。

知れば知るほど、自らの無知を知る。知らなければ、無知を知ることはできない。

小学校教師だった当時の私は、「無知の無知」だった。

今ようやく、私は、自分の無知を知り始めているところだ。国語専門で、日夜、中学受験・高校受験・大学受験までのレベルを一手に指導して一〇年、かなりの専門性が磨かれた。しかし、だからこそ見えるのだ。自分の無知が。

今、これをお読みの教師の多くは、失礼ながら、おそらく「無知の無知」の状態にある。

二〇〇字で何らかの主張を文章化するとして、そのためのベストの構成はいかなる形をとるか。文と文の接続関係は大別して何とおりあるか。それぞれ、どのような接続語で表現されるか。なぜ接続語が重要なのか。物語文にも論説文にも詩にも共通する読みの技術を、過不足なく三つ挙げよ――。

国語教師と名がつくからには、この程度の質問にはすぐ答えられなければならないのだが、どうだろう。

塾は授業の対価を直接受ける

さて、公立学校教師と塾教師の決定的な違いの二つめ。それは、対価の受け方である。公立学校教師は、あくまでも給与である。

むろん、そのおおもとは税金であり、子どもの保護者から対価を受けていると言えないこともない。しかし、それはあくまでも間接的なものだ。

一方、私は、保護者から直接対価を受けている。正確には自分の設立した会社からの給与だが、実質的には直接受領しているようなものだ。それに、そもそもその金銭は丸ごと、「授業」に対して支払われる。学校教師は雑多な校務なども含めすべての職務について対価を受けるが、塾教師は通常、授業そのものへの対価として受ける。

公立学校教師の方々。

ぜひ、シミュレーションしてみていただきたい。今日の授業を思い出し、その四五分の授業を仮にどこかの塾で行ったとして、いくらの授業料を取れるだろうかと。

もちろん、公立学校の存在価値は金銭では測れない。しかし、だからこそあえて測ってほしい。授業に対する自信がなかったことに、あらためて気づくはずだから。

「まあ、勉強は塾でやらせますから。あとのことを、学校でお願いします」などという保護者の声を聞いて納得している教師がいるとすれば、教師失格だ。直接の対価を受けて授業をしている塾教師に負けないような授業をできるよう、専門性を磨いてほしい。

学校には圧倒的な時間がある

それでも、塾は、学校にはかなわない。それは、時間においてである。学校には圧倒的な時間がある。小学校六年間の国語の時間数を一学年当たりに換算すると、約二四三単位時間。実際の時間にすれば約一八二時間。一方、私の塾で一年間に行う授業時間は約七二時間。圧倒的に、学校が上回っている。他の塾で計算しても、主要教科は似たようなものだろう。しかも、継続性が違う。塾は一教科を週一回程度。学校はほぼ毎日だ。

学校教師は、この圧倒的な長さの継続的時間を最大限に生かし、価値ある授業を展開する責務を担っているのである。このことを、忘れてはなるまい。

ふくしま国語塾主宰　福嶋隆史

【著者紹介】

福嶋　隆史（ふくしま　たかし）

1972年，横浜市生まれ。株式会社横浜国語研究所代表取締役。早稲田大学文学部中退。創価大学教育学部（通信教育部）児童教育学科卒業。日本言語技術教育学会会員。日本リメディアル教育学会会員。日本国語教育改革ネットワーク代表。公立小学校教師を経て，2006年，ふくしま国語塾を創設。

著書として，『スペシャリスト直伝！国語科授業成功の極意』『論理的思考力を鍛える超シンプルトレーニング』（以上，明治図書），『「本当の国語力」が驚くほど伸びる本』『ふくしま式「本当の国語力」が身につく問題集〔小学生版〕』『ふくしま式「本当の語彙力」が身につく問題集〔小学生版〕』『ふくしま式「小学生の必須常識」が身につく問題集』『ふくしま式200字メソッド「書く力」が身につく問題集〔小学生版〕』『“ふくしま式200字メソッド”で「書く力」は驚くほど伸びる！』『国語読解［完全攻略］22の鉄則（高校受験［必携］ハンドブック）』（以上，大和出版），『ふくしま式　難関校に合格する子の「国語読解力」』（大和書房），『国語が子どもをダメにする』（中央公論新社），『日本語の活かし方』（星海社新書）などがある。

「ふくしま式」の一貫した国語指導法・学習法は，テレビ・新聞・雑誌などでも多々取り上げられ，高く評価されている。

ホームページ　http://www.yokohama-kokugo.com

国語授業力を鍛える！
手ごたえのある指導ができる教師の技術

2015年12月初版第1刷刊 ©著　者　福　嶋　隆　史
発行者　藤　原　久　雄
発行所　明治図書出版株式会社
http://www.meijitosho.co.jp
（企画）樋口雅子（校正）広川淳志
〒114-0023　東京都北区滝野川7-46-1
振替00160-5-151318　電話03(5907)6702
ご注文窓口　電話03(5907)6668

＊検印省略　組版所　株式会社アイデスク

Printed in Japan　ISBN978-4-18-225932-6